From the library of

SOPHENE

Published by Sophene 2023

The *Georgian Chronicle (formerly, the Concise History of the Georgians [Համառօտ Պատմութիւն Վրաց])* attributed to Juansher was first translated into English by Robert Bedrosian in 1991.

A searchable, digital copy of the English translation can be accessed at:

https://archive.org/details/GeorgianChronicle

www.sophenebooks.com
www.sophenearmenianlibrary.com

ISBN-13: 978-1-923051-04-1

ՔՐՈՆԻԿՈՆ
ՎՐԱՑ

ՏՊԱՐԱՆ
ԾՈՓՔ
Լոս Անճելըս

The Georgian Chronicle

IN CLASSICAL ARMENIAN
WITH AN ENGLISH TRANSLATION BY
ROBERT BEDROSIAN

SOPHENE BOOKS
LOS ANGELES

TRANSLATOR'S PREFACE

The *Georgian Chronicle* occupies an unusual position among Armenian historical sources. Unlike the majority of Armenian literary sources, this work was not originally composed in Armenian. The original was written in Georgian in separate sections by several individuals from the 6th to the 13th centuries. Sometime in the late 12th or early 13th centuries, an unknown cleric translated or abridged the then extant *Chronicle* into Classical Armenian. It is this medieval Armenian rendering which is translated here. The *Chronicle* describes the history of Iberia/Georgia, Armenia's northern neighbor, from legendary times to the 12th century, and is a rich source of unique information on such topics as Caucasian ethnography, Armeno-Georgian relations, the history of Iran, the history of the Jewish community of Georgia and its role in the Christianization of the country; the birth of Islam, and the coming of the Saljuqs.

Considerable controversy surrounds this work. Since the Georgian original which the medieval Armenian writer used has not survived, the very nature of the work is in question. Was the Armenian a translation, an abridgement, or a version of the Georgian? Based on currently available Georgian sources, this question cannot be resolved. This is because, until relatively recently, the only complete Georgian text was an early 18th century revision (work of a commission appointed by king Vaxtang VI) which, regrettably, expanded some passages and removed and/or rearranged others. This 18th century text also incorporated additional documents from the 13-14th centuries. Fortunately, the individual books of the Chronicle (pre-Vaxtang revision) survived as separate works. However, as a result of the zeal of Georgian editors, no full, unadulterated Georgian text of the *Chronicle* predates the Armenian version. For this reason alone the Armenian version is valuable.

All eight extant Armenian manuscripts derive from a single exemplar made between 1279 and 1311 and housed at the Matenadaran in Erevan, Armenia. M. F. Brosset published a French translation of it in 1851.[1] The Classical Armenian text, translated in the present volume, was published by At'. T'iroyan in 1884.[2] T'iroyan himself added the title, based on a colophon appearing in the *Chronicle*. All surviving copies are defective, terminating abruptly mid-sentence. There is considerable variation in the spelling of names of people and places and occasional anachronisms, such as references to "Baghdad", and the "Turks" and "hejub" in inappropriate historical periods. To date, the most detailed study of the *Chronicle* is

TRANSLATOR'S PREFACE

Ilia Abuladze's comparative analysis of the Armenian text and the corresponding Georgian passages (Tbilisi, 1953, in Georgian). Yustin Abuladze (1901) concluded that the Armenian text is a translation of the Georgian, implying that it corresponds in length with the original Georgian text. I. Javaxishvili, on the other hand, thought that the Armenian translation is an abridgement. S. Kakabadze considered it a variant or version of the Georgian. Father Nerses Akinian suggested that the translator/adaptor may have been an Armenian diophysite, perhaps Simeon Pghndzahanets'i. Apparently, the Armenian chroniclers Mxit'ar of Ani (C12th) and Mxit'ar Ayrivanets'i (C13th) used the *Chronicle* in its Armenian edition, while the historian Step'annos Orbelean (d.1304) referenced the *Chronicle* in Georgian.

Unlike the Georgian original, which was a collection of individual books written by different authors having different styles, the Armenian version is one man's work. The style is straightforward and more chronographical than literary. Occasionally, Armenian equivalents for Georgian words are provided parenthetically, and it seems that the translator/adaptor had Armenian sources such as Agat'angeghos and Movses Xorenats'i by his side and drew upon them for additional details.

The present translation follows C. Toumanoff's proposed chronologies for the regnal years of kings and other officials, and also his distinction between Iberia (or East Georgia) prior to 1008 and Georgia (the union of East and West Georgia) thereafter. For further information on Iberia/Georgia see C. Toumanoff's *Studies in Christian Caucasian History* [especially part II, States and Dynasties of Caucasia in the Formative Centuries, part IV, Iberia between Chosroid and Bagratid Rule, and Part V, The Armeno-Georgian Marchlands],[3] and his articles;[4,5] W. E. D. Allen's *History of the Georgian People*,[6] and D.M. Lang's *Lives and Legends of the Georgian Saints*.[7]

The transliteration used here is a modification of the Library of Congress system for online Armenian, substituting x for the LOC's kh, for the thirteenth character of the Armenian alphabet (խ). Otherwise we follow the LOC transliteration, which eliminates diacritical marks above or below a character, and substitutes single or double quotation marks to the character's right. In the LOC romanization, the seventh character of the alphabet (է) appears as e', the eighth (ը) as e'', the twenty-eighth (ռ) as r', and the thirty-eighth (o), as o'.

Robert Bedrosian
New York, 1991

THE GEORGIAN CHRONICLE
BIBLIOGRAPHY

1. Brosset, M. F. (1851). *Additions et éclaircissements à l'Histoire de la Géorgie.* St. Petersburg.
2. Tiroyan, A. (1884). *Hamarhot patmut'iwn vrats'.* Venice.
3. Toumanoff, C. (1963). *Studies in Christian Caucasian History.* Georgetown.
4. Toumanoff, C. (1969). Chronology of the early kings of Iberia. *Traditio, 25,* 1-33.
5. Toumanoff, C. (1966). Armenia and Georgia. In J. M. Hussey (Ed.) *The Cambridge Medieval History, Volume IV* (pp. 593-637). Cambridge University Press.
6. Allen, W. E. D. (1971). *History of the Georgian People.* New York.
7. Lang, D. M. (1976). *Lives and Legends of the Georgian Saints.* New York.

THE GEORGIAN CHRONICLE

Ա

Յիշատակ արասցուք այսմ՝ զի Հայոց եւ Վրաց եւ Ռանաց եւ Մովկանաց եւ Հերանաց եւ Լեկաց եւ Կովկասեաց եւ Եգերաց հայր՝ մի էր սոցա, Թորգոմ կոչեցեալ, որդի Թիրասայ, որդւոյ Գամերայ, որդւոյ Յաբեթի, որդւոյ Նոյի. եւ էր նա այր քաջ եւ հսկայ: Ի յայսմ կործանման աշտարակին եւ բաժանման լեզուացն, եւ ի սփռիլն մարդկան ի վերայ երկրի, եկն բնակեցաւ ի մէջ լերանց Մասեաց եւ Արագածու. որոյ էին բազում կանայք. եւ ծնան նմա ուստերք եւ դստերք որդւոյ եւ դստերաց նորա. եւ եկաց ամս վեցհարիւր: Եւ չբաւէր երկիրն բազմութեան ախի նորա. վասն որոյ տարածեցան եւ ընդարձակեցին զսահմանս իւրեանց ի ծովէն Պոնտոսու մինչեւ ի ծովն Հերեթայ եւ Կասպից, եւ առ լերամբքն Կովկասու:

Եւ ընտրեցան յորդւոց նորա արք ութ արիազոյնք եւ անուանիք. առաջինն Հայկն, երկրորդն Քարթլոս, երրորդն Բարդոս, չորրորդն Մովկան, հինգերորդն Լեկան, վեցերորդն Հերոս, եօթերորդն Կովկաս, ութերորդն Եգրէս: Եւ Հայկն առաւել էր ուժով եւ քաջութեամբ, որ չեղեւ նման նմա ի վերայ երկրի, ոչ յառաջ քան զջրհեղեղն եւ ոչ յետոյ՝ մինչ ցայսօր ժամանակի: Սոցա բաժանեաց Թորգոմ զաշխարհն իւր. ետ զկէսն Հայկին. եւ զկէսն եւթանց որդւոցն՝ ըստ արժելոյ նոցա: Ջծմակային աշխարհ հիւսիսոյ՝ ետ Քարթլոսոյ, յարեւելից Բերդահոջոյ գետովն, եւ յարեւմտից Պոնտոսի ծովն, եւ ի ծմակային կուսէ առ լերամբն Կովկասու, առ Կլարջովք եւ Տայովք մինչեւ ցԼեխս:

I

Let us recall the fact that the Armenians, Georgians, Aghuans, Movkans, Herans, Leks, Kovkases and Egers had one father named T'orgom, son of T'iras, son of Gamer, son of Japheth, son of Noah. He was a brave, gigantic man. At the time of the destruction of the Tower [of Babel] and the division of tongues and the dispersion of mankind throughout the world, [T'orgom] came and settled between the Masis and Aragats mountains. He had many women; sons and daughters of his sons and daughters were born, and he lived for six hundred years. But the country did not suffice for the multitude of his folk. Therefore, they spread out and enlarged their boundaries: from the Pontic Sea to the sea of Heret' and Kasp and by the mountains of the Caucasus.

They selected eight of the bravest and most renowned of his sons. First was Hayk, second K'art'los, third Bardos, fourth Movkan, fifth Lekan, sixth Heros, seventh Kovkas, and eighth Egres. But Hayk was the strongest and bravest. There was no one like him on earth, not before the deluge nor after it, to the present. T'orgom divided his land among them: half he gave to Hayk and half to the sevens sons, according to their merit. To K'art'los he gave the Tsmak land of the north, [with borders] in the east by the Berdahoj river, in the west the Pontic Sea and from the Tsmak area by the Caucasus mountains, by Klarj and Tayk' as far as Lexk'.

CHAPTER I

Եւ Բարտոսոյ ետ ի նոյն գետոյն Բերդահոջոյ առ կողմամբն Կուր գետոյ՝ մինչեւ ցծովն, որ մտանեն ի նա Երասխ եւ Կուր գետ միաւորեալք. սա նախ շինեաց զքաղաքն Պարտաւ՝ անուամբն իւրով: Իսկ Մովկանայ ետ ի Կուր գետոյ առ կողմամբն հիւսիսոյ առ գլխովն Ալազանոյ՝ մինչեւ ցծովն մեծ. եւ նա շինեաց զՄովկանէթ քաղաք: Եւ ետ Հերոսոյ ի գլխոյն Ալազնոյ մինչեւ ցլիճն Մայրոյ, որ այժմ կոչի Գաղգաղա. եւ նա շինեաց քաղաք ի խառնուրդս երկուց գետոց, եւ յանուն իւր անուանեաց Հերեթ, եւ անուն տեղւոյն այժմ ասի Խօրանթայ: Իսկ Եգրոսոյ ետ յականջէ ծովուն առ Լիխաւք, մինչեւ ցծովն արեւմտից՝ առ գետովն Խազարեթոյ՝ ցուրանօր կցի ծովն Կովկասու. սա շինեաց անուամբն իւրով քաղաք զԵգրիս, որ եւ այժմ ասի Բեդիա: Իսկ լեառն Կովկասայ մինչեւ ցգետն մեծ Ղումէկ՝ էր անմարդաձայն, ետ զայն, երկուց որրդուց իւրոց Կովկասայ եւ Լեկենայ, որք եւ անուամբ նոցա կոչեցան մինչեւ ցայսօր:

Իսկ Հայկն զհասսարակն ժառանգեաց հայրենիս՝ ասացեալ սահմանօքն. եւ էր իշխան եւթանցն եղբարց, եւ կային ի ծառայութեան Նեբրովթայ հսկայի, որ նախ թագաւորեաց ամենայն երկրի: Իսկ զկնի սուղ ամաց անցելոյ՝ ի մի հաւաքեաց Հայկն զեղբայրս իւր, եւ ասաց նոցա. Լուարուք ինձ, հարազատք իմ. ահաւասիկ ետ մեզ Աստուած զօրութիւն եւ ժողովուրդ բազում. եւ արդ՝ վասն ողորմութեանն որ ի վերայ մեր՝ մի՛ ծառայեսցուք օտարի, այլ Աստուծոյ ճշմարտի: Եւ հաւանեցան ամենեքեան, ապստամբեալ՝ չետուն զհարկն, արկեալ յինքեանս զշրջակայ ազգսն:

To Bardos he gave [territory] from the same Berdahoj river to the region of the Kur River to the sea where the conjoined Erasx and Kur rivers enter it. First [Bardos] built the city Partaw in his own name. [T'orgom] gave to Movkan [territory] from the Kur River northward to the head of the Alazani [river] as far as the Great sea. And [Movkan] built Movkanet' city. He gave to Heros [land] from the head of the Alazani as far as Lake Mayroy which presently is called Gaghgagha. He built a city at the confluence of the two rivers calling it after his own name, Heret'. The place today is called Xorant'a. [T'orgom] gave to Egros [territory extending] from the shore of the sea by Lixk' as far as the western sea, by the Xazaret' river to where the sea unites with the Caucasus. In his name he built the city Egris, presently called Bedia. Now [lands extending] from Mount Caucasus to the great Ghumek river which were uninhabited, he gave to his two sons Kovkas and Lekan, by whose names [these lands] have been called to the present.

Hayk inherited half of the patrimony, with the stated borders. He was prince of the seven brothers and stood in service to the giant Nimrod who first ruled the entire world as king. Now after a few years had passed, Hayk assembled his brothers and said to them: "Hear me, my brothers. Behold, God has given us might and many people. Now, for the mercy upon us, let us not serve a foreigner but rather the true God." All consented. Rebelling, they did not provide the tax and brought over to their side the surrounding peoples.

Եւ լուեալ Նեբրովթայ՝ բարկացաւ, եւ արար ամբոխ բազում հսկայից եւ խառնաղանջից, եւ դիմեաց ի վերայ նոցա, եւ եկն յԱտրպատական յաշխարհն: Եւ Հայկն կայր իւրայովքն առ ոտն Մասեաց. եւ առաքեաց Նեբրովթ վաթսուն հսկայ՝ յոլովից բազմութեամբ. եւ խառնեալք ի միմեանս՝ ահագին եւ սաստիկ բախմամբ իբրեւ զձայն որոտմամբ ամբոց. եւ եղեն կոտորուած յերկոցունց կողմանցն անթիւ եւ անհամար: Եւ Հայկն կայր յետուստ կողմանէ իւրոցն, եւ սրտապնդեալ քաջալերէր. եւ ինքն իբրեւ զկայծակն ապաստակէր շուրջանակի, եւ ընկենոյր զհսկայսն վաթսունն՝ զօրօքն իւրեանց մինչեւ իսպառ, եւ թանեքին հարազատովքն ողջ մնացեալ շնորհօքն Աստուծոյ, եւ փառք տային փրկողին իւրեանց ամենակալի: Եւ լուեալ Նեբրովթ՝ խռովեցաւ յոյժ, եւ դիմեաց ինքնին ի վերայ Հայկին: Իսկ նա ոչ ունելով զօրս իբրեւ զնորայն, ամրանայր ի դերբուկս ձորոցն Մասեաց: Իսկ Նեբրովթայ սպառազինեալ կուռ վառեալ յերկաթոյ յոտիցն մինչեւ ցգագաթն՝ ելանէր յոստ մի բլրոյ, կոչէր զՀայկն յառաջին հնազանդութիւնն: Իսկ Հայկն ոչ ետ պատասխանի նմա, այլ ասէ ցեղբարսն իւր. Ամրացուցէք զիս յետուստ կողմանէ, եւ իջանեմ ես առ Նեբրովթ: Եւ ինքն երթայր մերձանայր առ նա, եւ նետիւ հարկանէր ի վերայ տախտակաց սրտին, եւ շեշտակի անցուցանէր թափ ի լոյսանցոյցս սրտին, եւ շեշտակի անցուցանէր թափ ի լոյսանցոյցս արեգակնացայտս, եւ շրջեալ առժամայն փռէր զշունչն. եւ անկեալ բոլոր բանակն իւր, եւ տունն Թորգոմայ յանհոգս եղեալ հանգչէին. եւ թագաւորէր Հայկն եղբարց իւրոց, եւ ամենայն եզրականացն ազգաց:

When Nimrod heard about this he was angered, assembled a multitude of many giants and rabble, set out against them and came to the Atrpatakan land. Hayk was with his people by the foot of [Mount] Masis. Nimrod dispatched sixty giants with a great multitude. [The two sides] clashed with each other with a fearsome intense crash like the sound of thunder clouds. There were countless, incalculable numbers slain on both sides. Hayk stood at the rear of his people encouraging steadfastness. Like lightning, he himself raided around and felled the last of those sixty giants and their troops. He and the seven brothers remained safe by the grace of God, and they glorified their omnipotent savior. When Nimrod learned about what had happened, he became extremely agitated and he himself went against Hayk. But Hayk, not having as many soldiers as [Nimrod], fortified himself in the rough places of the Masis valleys. Nimrod was heavily armored with iron, from head to foot. He ascended the crest of a hill and summoned Hayk to [return to] his former obedience. But Hayk did not respond to him; rather, he said to his brothers: "Cover me from the rear and I shall descend to Nimrod." He approached him and shot an arrow at [Nimrod's] breast-plates, which went straight through to the other side. Turning about he expired forthwith and his entire army fell; and the House of T'orgom reposed without a care. Then Hayk ruled his brothers and all the neighboring peoples as king.

Իսկ Քարթլոսայ գնացեալ ի լեառն որ կոչի Ամրազ, եւ անդ շինեաց իւր տուն եւ ամրոց, եւ ամենայն աշխարհ նորա կոչեցաւ անուամբ նորա Քարթլա, ի Խունանայ մինչեւ ի ծովն Սպերոյ. նա շինեաց զՕրբէթ, որ արդ կոչի Շամշոյտէ, եւ զաղիւաշէն բերդն Ղունան: Եւ կեցեալ ամս բազում՝ վախճանեցաւ, թողեալ հինգ որդիս քաջս. զՄցխեթա, զԳարգբոս, զԿախոս, զԿոդքիս, զԳաջիս:

Եւ Մցխեթոս էր աւագ նոցա. սա թաղեաց զհայրն իւր ի գլուխ Քարթլայ ի լեառն Արմազ: Եւ կինն Քարթլոսայ շինեաց զՄայրաբերդն եւ զքաղաքն որ կոչի Ռիշա, որ է Պարտիզաքաղաք: Եւ բաժանեաց հնգից որդւոցն զաշխարհն ամենայն: Եւ բաժանեաց հնգից որդւոցն զաշխարհն ամենայն: Գաջէոսն շինեաց զԳաջէն քաղաք, եւ Կախոս շինեաց զՉէլթ եւ զԿախէթ, եւ Մցխեթոս շինեաց զՄցխիթա քաղաք, եւ իշխէր չորից եղբարցն: Եւ եղեն սմա երեք որդիք անուանիք, Օփլոս, Օձրխոս, Ջաւախոս, որոց ետ զերկիր ժառանգութեան իւրոյ: Օձրխէ շինեաց երկու բերդաքաղաք, զՕձրխէ եւ զԹուխրսի: Եւ Ջաւախոս շինեաց երկու գիւղաքաղաք բերդով՝ զԾանդայ եւ զԱրտահան, որ նախ ասիւր Քաջաց քաղաք: Եւ Ուփլոս շինեաց զՈւփլիսցիխէ եւ զՈւրբնիս եւ զԿասբ. մինչ ցՏայոց դուռն սմա վիճակ կոչեցաւ Ներքին Քարթլ: Եւ շինէին զամրոցսն Թորգոմեանք սակս երկիւղի Նեբրովականացն, որք նեղէին զնոսա վասն վրիժուց արեան նախնոյն իւրեանց Նեբրովթայ. բայց ոչ կարէին յաղթել նոցա վասն միաբանութեան նոցա մինչեւ ցմահն Մցխիթայի:

Now K'art'los went to the mountain called Amraz and built there his home and fortress; and his entire land from Xunan to the sea of Sper was called K'art'li after him. He constructed Orbet', now called Shamshoylte and the brick-built fortress Ghunan. After living many years, he died leaving five brave sons: Mts'xet'os, Gardbos, Kaxos, Koghk'is and Gajis.

Mts'xet'os was their senior. He buried his father at the head of K'art'l(i), the mountain Armaz. The wife of K'art'los built Mayraberd [Mother-Fortress, Dedats'ixe] and the city called Risha which is *Partizak'aghak*[1] and divided the entire land among her five sons. Gajeos built Gajen city, Kaxos built Ch'elt' and Kaxet', and Mts'xet'os built the city of Mts'xet'a and ruled [his] four brothers. [Mts'xet'os] had three renowned sons: Op'los, Odzrxos and Jawaxos to whom he gave the country of his inheritance. Odzrxos built two fortress-cities, Odzrxe and T'uxrsi. Jawaxos built two towns with fortresses, Tsanda and Artahan, which was formerly known as K'ajats' *k'aghak'*.[2] Up'los built Up'lists'ixe, Urbnis and Kasb. As far as the gate of Tayk' this lot was called Lower K'art'li. The T'orgomeans built fortresses out of fear of the Nimrodians, who harassed them to exact blood vengeance for their ancestor Nimrod. But until Mts'xet'os' death they were unable to conquer them because of their unity.

---

1 *Partizak'aghak'*: "Garden City" (Postan-kalalki: Rust'aw).
2 *K'ajats k'aghak*: "City of Braves".

CHAPTER I

Իսկ ի մեռանելն Մցխիթայի շփոթեցան զամենայն տունն Քարթլայ ընդ միմեանս, զի ոչ կամէին զՈւփալոսն տիրել ի վերայ իւրեանց, զոր կացուցեալ էր Քարթլոսայ հօր իւրոյ ի վերայ ամենայն երկրին: Եւ տեւեաց մարտն ժամանակս բազումս. էր՝ զի առնէին արք իմաստունք սակաւ ինչ խաղաղութիւն ի մէջ նոցա, եւ էր՝ զի դարձեալ անկանէր խռովութիւն ի մէջ նոցա: Յայնժամ ապա մեծացաւ քաղաքն Մցխեթոյ, եւ անուանեցաւ մայր քաղաք տանն Քարթլայ. եւ իշխանն որ նստէր անդ՝ տանուտէր կոչիւր ամենայն երկրին. ոչ թագաւոր եւ ոչ նախարար եւ ոչա՛յլ ինչ անուն պատուոյ դնէին ի վերայ նորա: Յետ որոյ եւ մոռացան զԱստուած զարարիչն իւրեանց, եւ պաշտէին զարեգակն եւ զլուսին եւ զեօթն այլ աստեղսն, եւ երդնուին ի գերեզմանն Քարթլոսայ հօր իւրեանց:

However, when Mts'xet'os died, all the Houses of K'art'li came into discord with each other, for they did not want Up'los (whom his father K'art'los had set up over the entire land) to rule them. And the battle continued for a long time. For as soon as wise men made some little peace among them, once again agitation would break out. During this period the city of Mts'xet'a expanded and was styled the capital of K'art'li. The prince who resided there was called the *tanuter*³ of the entire country. They placed upon him neither [the title of] king nor *naxarar* nor any other title of honor. After this they forgot God their creator, worshipped the sun, moon and the seven other stars, and they swore by the grave of their father K'art'los.

---

3 *tanuter:* landholder (Georgian, mamasaxlisi).

Բ

Յայնմ ժամանակի զօրացեալ ազգն Խազրաց կռուէին ընդ ազգին Լեկաց եւ Կովկասու. որք անկեալ ի կարիս՝ խնդիր արարին ի տունն Թորգոմայ վեց ազգաց, որք ի խնդութեան եւ ի խաղաղութեան կային յաւուրսն յայնոսիկ, գալ օգնել նոցա: Որք եւ չոգան իսկ յօժարութեամբ եւ կազմ պատրաստութեամբ, եւ անցին ընդ լեառն Կովկասու, եւ գերեցին զերկիրն Խազրաց ի ձեռն Դուծուկին, որդւոյն Տիրիթիսոյ՝ որ կոչեաց զնոսա յօգնականութիւն: Զկնի այսորիկ դարձեալ ժողովեցան Խազիրք, եւ եդին իւրեանց թագաւոր, եւ եղեն բանակ մեծ, եւ ելին ընդ Դուռն Դարբանդու ի վերայ Թորգոմայ՝ մինչեւ ցԱրարատու դաշտն եւ Մասեաց, եւ կոտորեցին եւ գերեցին զնոսա, զի էին անբաւք: Եւ մնացին միայն բերդաքաղաքն ծմակայինք, եւ Մոխրաբերդն, Խունան, եւ Սամշոյլտէ եւ Դաբի եւ Էգրիս: Եւ գտին Խազիրքն դուռն մի այլ, որ ասի Դարիալայ. եւ յաճախեցին զգալն ասպատակաւ ի վերայ Թորգոմայ, եւ արարին ընդ հարկաւ: Եւ զառաջին գերեալսն ի Հայոց եւ ի Վրաց՝ ետ թագաւորն Խազրաց որդւոյ իւրոյ Ուովբոսի, եւ մասն ինչ ի Կովկասու՝ ի Ղամեկայ գետոյն մինչեւ ցսպառումն լերինն առ արեւմըտիւք: Եւ շինեաց Ուովբոս ազգաւն իւրով զերկիրն՝ որ կոչի Օսէթ: Իսկ Դերձուկ ոմն, այր երեւելի յորդւոցն Կովկասու, չոգաւ ամրացաւ յանձուկս լերինն, եւ տայր հարկս թագաւորին Խազրաց. եւ կոչեաց զանուն տեղւոյն՝ Դուրձկէթ: Այլ եւ նոյն թագաւորն Խազրաց ետ հօրեղբօրորդւոյն իւրոյ զմասն ինչ Լեկանայ, ի ծովէն Դարբանդայ յարեւելից՝ մինչեւ ցգետն յարեւմտից կողմն Եկայ, տալով նմա գերիս ի Ռինայ եւ ի Մովկանայ. եւ շինեաց նա անդ իւր բնակութիւն: Իսկ Խուզունի ոմն, յորդւոցն Լեկանայ, ել ի փապարս լերինն, եւ շինեաց քաղաք իւրով անուամբն զԽուզունիս: Եւ անցեալ ի վերայ ժամանակս բազումս՝ եղեն ամենայն ազգն հիւսիսոյ ընդ հարաւ Խազրաց:

II

At this time the Khazar people, having grown powerful, fought with the Lek and Kovkas people. In their affliction, [the attacked] requested of the six peoples comprising the House of T'orgom (who were then dwelling in joy and peace) that they come and aid them. This they did willingly and in a state of preparedness. They crossed Mount Caucasus and captured the country of the Khazars, thanks to Dutsuk, son of Tirit'is, who had called upon them for assistance. Subsequently the Khazars assembled again, chose a king, formed into a large army, and came through the Darband Gate against the T'orgomeans. [They came] as far as the plain of Ararat and Masis, and killed and enslaved, for they were a countless host. Remaining were solely the Tsmak fortress-cities, Moxraberd, Xunan, Shamshoylte, Dabi and Egris. The Khazars also discovered yet another gate called the Darial. They commenced coming to raid the T'orgomeans and placed them under taxation. The Khazar king gave the first Armenian and Georgian captives to his son Uovbos, together with part of the Caucasus, from the Ghamek river to the end of the mountain by the west. With his people Uovbos built up his country called Oset'. Now a certain Derdzuk, a prominent man among Kovkas' sons, went and fortified himself into the mountain's defiles and paid taxes to the Khazar king. And he named the place Durdzket'. Now the same Khazar king gave to his cousin (father's brother's son) a part of Lekan, from the Darband sea in the east as far as the river west of Ek, also giving him captives from Aghuania and Movkan. And there he built his dwelling place. A son of Lekan, a certain Xuzun, went to the mountain caves and built the city Xuzunis after his own name. After the passage of much time, all the peoples of the north became tributary to the Khazars.

CHAPTER II

Եւ յետ այսորիկ աճեաց ազգն Նեբրովթեայ ի կողմն արեւելից, եւ յայտնեցաւ այր մի ի նոցանէ Աբրիտոն անուն. զորմէ ասեն թէ կապեաց աղանդովք զիշխանն օձից յեր- կաթս, զկոչեցեալն Բիւրասպի, յանբնակ լերինն Րայիսայ, որպէս եւ գրեալ է ի մատեանս Պարսից: Սա արար ընդ հարկաւ զազգս բազումս, եւ տիրեաց տանն Պարսից, եւ առաքեաց զզօրագլուխն իւր ի ծննդոցն Նեբրովթայ յեր- կիրն Վրաց, որ եկեալ աւերեաց զքաղաքս եւ զբերդս, եւ կո- տորեաց՝ զորս եգիտ ի Խազրաց, եւ տիրեաց երկրին: Սա շինեաց յեզր ծովուն զԴարուբանդ, որ է Փակեալ-դուռն: Այս Ադարմոս շինեաց կրաշաղախ վիմօք զՄցխիթա, եւ սկիզբն արար պարսպոյ յԱմրազ լեառնէ մինչեւ ցգետն Կուր: Եւ ոչ գիտէր տունն Վրաց՝ որ է Քարթլ, զարուեստ կրոյ եւ քարի մինչեւ ցայս:

Իսկ ի բաժանելն Աբրիտենոյ զհնազանդեալսն իւր՝ ե- րից որդւոցն, ետ զՊարսիկս եւ զՎրացիս միոյ որդւոյն, ո- րոյ անուն էր Իարեդերախ: Եւ Ադարմոս կեցեալ իշխան Վրաց ամս յոլովս, եւ զկնի նորա այլ եւս չորք գլխաւորք փոխեցին զտեղի նորա: Յետ որոյ անկաւ խռովութիւն յորդիսն Աբրիտենոյ, եւ սպանին երկու եղբարքն միաբան- եալք զԱրիադարեխ: Եւ գտեալ ժամանակ Վիրք, ածին յօգ- նութիւն զՅօսքն, եւ սպանին զգլխաւորն Պարսից յանդի ի զբօսանս, եւ զայլ եւս զօրս նորա կոտորեցին, եւ եղեն ան- հոգս ի Պարսից: Բայց երկիրն Ռանայ եւ Հերթոյ մնաց առ Պարսից: Յետ այնորիկ դարձեալ զօրանայր թագաւորն Պարսից, որոյ անունն էր Քեկապոս. եւ եկն ի Մովկան եւ ի Հերեթ, եւ խորհէր մտանել ի Լեկեթս. այլ գլխաւորն Լեկաց էր ազգային Խուզանիխոյ, եւ էր կախարդ. որ եւ դիւթու- թեամբ կուրացոյց զՔեկապոս եւ զօրս իւր. եւ դարձան յետս, եւ ապա բացան աչք նոցա, եւ արարեալ ընդ հարկաւ զՎրաց երկիրն՝ գնացին:

After this the people of Nimrod grew in the East and a man named Abriton appeared among them. They say about him that by using sorcery he bound in irons on the uninhabited mountain Rayis the prince of the snakes, called Biwraspi, as is written in the book of the Iranians. He made many peoples tributary, ruled Iran, and dispatched his military commander—a descendent of Nimrod—to the country of Iberia/Georgia. He came, destroyed cities and fortresses, killed those Khazars he found, and ruled the country. He built Daruband by the seashore. It means "Closed Gate." This Adarmos built Mts'xet'a with stones mortared with lime, and started [constructing] the wall [extending] from Amraz mountain to the Kur river. And prior to this, Iberia, which is K'art'li, did not know the art of lime and stone.

Now when Abriton was dividing among his three sons [the peoples] he had subjugated, he gave the Iranians and the Iberians to one son named Iarederax. Adarmos lived as prince of Iberia for many years. After him his place was occupied by four chiefs. After this, discord appeared among the sons of Abriton, and two brothers allied and slew Ariadarex. Finding the time opportune, the Iberians, aided by the Ossetians, killed the chief of the Iranians while he was diverting himself in the country. They also killed others from his army, and remained unconcerned about the Iranians. However the country of Aghuania and Heret' remained with Iran. After this the king of Iran, named K'ekapos,[4] once more grew powerful. He came to Movkan and Heret' and planned to enter Leket'. But the chief of the Lek was a relation of Xuzanix and a sorcerer. By enchantment he blinded K'ekapos and his soldiers. They turned back and thereupon their eyes were opened. Placing Iberia under taxation, they departed.

---
4 *K'ekapos:* Kay Kavus.

CHAPTER II

Յայնմ ժամանակի սփռեցան զրոյցք զարմացման եթէ Մովսէս, բարեկամն մեծին Աստուծոյ, անցոյց ընդ ծովն Կարմիր ազգս երկոտասան, բիւրք վեց, եւ կան ի Սինա անապատի, եւ ուտեն մանանայ՝ հաց ի յերկնից իջեալ: Եւ լուեալ զայս՝ ամենայն հեթանոսաց, գովէին եւ օրհնէին զԱստուածն Իսրայէլի:

Յորում ժամանակի միաբանեալ ընդ Հայոց՝ ամենայն ազգին Թորգոմայ, ի բաց կացին ի Պարսից, ամրացուցեալ զքաղաքս եւ զղղեակս: Եւ գչարեալ Քեկապոս՝ առաքեաց ի վերայ Թորգոմայ զզօրագլուխն իւր զՓարաբորոտ զօրօք բազմօք. եւ գնացեալ ընդ առաջ նոցա Հայոց ի Վրաց, գտին զնոսա յԱտրպատական, եւ հարեալ ի դիմի՝ կոտորեցին զբազումս. եւ փախեաւ Փարաբորոտն սակաւուք: Եւ սրտմտեալ Քեկապոս, արձակեաց զթոռն իւր, զորդին Բիաբու Գեղեցիկի՝ սպանելոյ ի Թուրքաց, որում անուն էր Քուէ Խոսրով. եւ ոչ կարացին դիմանալ նմա Հայք եւ Վիրք, այլ կոխան եղեն ոտից նորա առհասարակ: Եւ կարգեաց իւր գործակալս, եւ շինեաց յԱտրպատական տուն աղօթից ըստ դենին իւրեանց, եւ գնաց յերկիր իւր. եւ սկսաւ կռուել ընդ Թուրքաց, որք սպանին զհայր նորա: Եւ փախեան ի նմանէ արք ոմանք ի Թուրքաց՝ տուն քսան եւ ութ, եւ եկին առ տանուտէրն Մցխեթոյ, եւ խնդրեցին ի նմանէ քարայր մի յարեւելից կուսէ քաղաքին, եւ պարսպեցին զնա տուն բնակութեան իւրեանց, եւ կոչեցին Սարակինէ, որ ասի Երկաթահանք: Եւ զի անպարապ էր Քուէ-Խոսրով ի Հայոց եւ ի Վրաց, յայսմանէ ոյժ առեալ կոտորեցին զիշխանսն Պարսից, եւ կազմէին զամուրս:

At this time wondrous stories spread about concerning Moses, the friend of God, that he had crossed through the Red Sea with the twelve tribes, 60,000 strong, and was living in the wilderness of Sinai where they ate bread which fell from Heaven—mana. When all the pagans heard this they praised and blessed the God of Israel.

In this period all the T'orgomean peoples, united with the Armenians, stood off from Iran, fortifying cities and keeps. The embittered K'ekapos sent his commander, P'araborot,[5] against the T'orgomeans with many troops. The Armenians and Iberians went before them in Atrpatakan, and striking forth killed many of them. P'araborot fled with a few men. Angered, K'ekapos dispatched his grandson named K'ue Xosrov,[6] son of Biuab the Fair (who was killed by the Turks). The Armenians and Iberians were unable to resist him and generally were trampled beneath his feet. [K'ue Xosrov] designated his officials and built in Atrpatakan a house of prayer, after their faith, then returned to his own country. He commenced fighting the Turks, who had slain his father. Some men of the Turks—twenty-eight houses fled from him and came to the tanuter of Mts'xet'a requesting of him a cave on the eastern side of the city. They walled this dwelling place of theirs and named it Sarakine, which means Iron Mine. Since K'ue Xosrov was too preoccupied to concern himself with the Armenians and Iberians, [the latter] gathered strength and killed the Iranian prince and built fortresses.

---

5 *P'araborot:* Fariborz.
6 *K'ue Xosrov:* Kay Khosrow.

Ի նմին ժամանակի եկին փախստականք ոմանք ի Յունաց եւ յԱսորոց եւ ի Խազրաց, նեղեալք ի թշնամեաց իւրեանց՝ յերկիրն Վրաց. եւ ընկալան զնոսա յաղագս օգնելոյ նոցա ընդդէմ Պարսից: Զայնու ժամանակօք եկին եւ Հրեայքն զերծեալք ի Նաբուգոդոնոսորայ, որ գերեալ էր զԵրուսաղէմ. եւ խնդրեցին ի տանուտեառնէն Մցխիթոյ տեղի հարկելոյ. եւ ետ նոցա ի վերայ գետոյն Արագոյ՝ աղբիւրն որ կոչի Զանաւ, եւ արդ իսկ ասի Խերկ՝ վասն հարկելոյն: Եւ մինչեւ ցայս վայր հայերէն էր լեզուն Վրաց. եւ ապա սկսան այլայլիլ յազգացն՝ որ բնակեցան ի մէջ նոցա, եւ եղեւ ամենեցունցն խառնակել, եւ յայս միացեալ՝ որ այժմ ասի վրացերէն: Եւ յայնմհետէ ընտրեցին կրօնս եւ վարս անպարկեշտս եւ զազիր քան զամենայն ազգ: Զի յամուսնութիւնն ընտրութիւն ազգի ոչ առնէին, եւ զամենայն զեռուն կայտառ ուտէին, եւ զճճիս եւ զմեռեալս, եւ ոչ գոյր նոցա զերեզման:

Իսկ զկնի այսորիկ եկն դարձեալ ա՛յլ ոմն թագաւոր Պարսից՝ Սպանդիար անուն, որդի Վաշդապիշոյ, ի վերայ Հայոց եւ Վրաց. եւ ի գալն յԱտրպատական՝ լուաւ բօթ գուժի եթէ սպանին ազգն Թուրքաց զհօրեղբայր նորա, եւ դարձաւ անդրէն ի Թուրքաստան, եւ հանգեան Հայք եւ Վիրք: Զկնի այնորիկ թագաւորեաց Պարսից՝ Վահրամ, որդի Սպանդիարին, որ եւ Արտաշէս. որ առաւել եղեւ զօրութեամբ քան զամենայն թագաւորսն Պարսից, որ էառ զԲաբելոն, եւ ընդ հարկաւ արար զԱսորեստան եւ զՅոյնս եւ զՎիրս:

Եւ յայնմ ժամանակի խօսէին ի Վիրս վեց լեզու, Հայերէն եւ խազրի, ասորի եւ եբրայեցի, յոյն, եւ որ ի խառնից նոցա հաւաքեցաւ՝ վրացին:

THE GEORGIAN CHRONICLE

In the same period there came to the country of Iberia some fugitives from the Greeks, Syrians, and Khazars who were harassed by their enemies. [The Iberians] accepted them to aid themselves against the Iranians. Also at that time came Jews who had escaped from Nebuchadnezzar, who had captured Jerusalem. And they requested a place for worship from the tanuter of Mts'xet'a; and he gave them [an area by] a stream on the Arag river called Zanaw, now called Xerk. Up to this point the language of Iberia was Armenian. But then [the Iberians] started to be changed by the peoples dwelling among them, and there occurred a mixing up of everything, leading to that which is presently called Georgian. Subsequently they elected a religion and a conduct more immodest and indecent than all people's. For in marriage they made no differentiation among [the same and related] lines, they ate every creeping reptile, insect, and carrion, and had no graves.

Now after this, once more still another Iranian king named Spandiar, son of Vashdapish,[7] came against Armenia and Iberia. But when he reached Atrpatakan, he heard the bad tidings that the nation of the Turks had killed his father's brother. He departed thence to T'urk'astan, while Armenia and Iberia relaxed. Following this, Spandiar's son Vahram (also called Artashesh), ruled Iran as king. He was stronger than all the [previous] kings of Iran. He took Babylon and placed under taxation Asorestan, Greece and Iberia.

At that time six languages were spoken in Iberia: Armenian, Khazar, Syriac, Hebrew, Greek, and the result of their commingling, Georgian.

---
7 *Vashdapish:* Gushtasp.

Գ

Յայնմ ժամանակի ամբարձաւ մեծն Աղեքսանդր, որդի Նեքտանեբոյ Եգիպտացւոց՝ յաշխարհին Մակեդոնացւոց, որ կալաւ ընդ ձեռամբ զերիս անկիւնս երկրի: Սա եկն յարեւմտից առ հիւսիսի, եւ շրջեալ ընդ արեւելս՝ եմուտ ի ծմաակային երկիրն, եւ կանց ընդ Կովկասու լեառն յաշխարհին Վրաց. եւ հիացաւ ընդ զազիր կեանս նոցա: Եւ զի ետես ամրոցս բազումս, եւ աշխատեաց զզօրս իւր ամիսս վեց յառնուլն զնոսա, զԾունդա, զԽերդիս, զՈւնձրխէ՝ կառուցեալ ընդ քարին Լադասոյ, զԹուղարս՝ 'ի վերայ գետոյն Սպերոյ, որ ասի Ճորոխ, զՈւրբնիս, զԿասբ, զՈւփլիսցիխէ, որ ասի Տեառն բերդ, զՄցխիթա, զԹաղքն՝ որ Սարակինա կոչեցաւ, զՑիխէդիդ՝ որ է Բերդ Մեծ, եւ զՋաւանոյ թաղն Հրէից, զՌիշա, զՄայրաբերդն, զՇամշուտէ, եւ զԿուր գետոյն բերդն՝ Խունան. յորս եգիտ կռուողս կորովիս. եւ ի սոսա յամենեսեան բաժանեաց զզօրս իւր, եւ ինքն նստաւ ի տեղւոջն՝ որ կոչի Աստագի: Բայց ընդ բերդսն Թուղարսոյ եւ Խունանայ ոչ մարտեաւ, զի անառիկ էին: Իսկ զՍարակինեցիսն պաշարեաց զերկոտասան ամիս, զի նախատեցին զԱղեքսանդր, եւ ոչ դնէր ընդ նոսա դաշն, մինչեւ ծակեցին զկակուղ անձաւ այրին ընդ այլ կողմն, եւ ելին ամենեքին, եւ փախեան ի Կովկաս ի գիշերի: Իսկ յայլոց անտի կոտորեաց զբազումս, եւ գերեաց կանայս եւ մանկտիս անմեղս, մինչեւ ցերկոտասանամեանս:

III

Then there arose in the land of Macedonia Alexander the Great, son of Nek'taneb the Egyptian, who conquered the three corners of the world. Coming from the northwest, he passed through the east, entering the Tsmak country, crossing Mount Caucasus into the land of Iberia. He was shocked by their indecent life style. He saw numerous fortresses, and worked his troops for six months in taking them: Tsunda, Xerdis, Undzerxe (built of Ladas rock), T'ughars on the Sper river, called the Chorox, Urbnis, Kasb, Up'lists'ixe (called Lord's fortress), Mts'xet'a, T'aghk'n (called Sarakina), Ts'ixedid (that is, Great fortress), the Jewish section of Zawan, Rhisha, Mayraberd, Shamshulte, and Xunan, a fortress on the Kur river. He encountered powerful fighters. [Alexander] divided his army among all of them and himself settled at the spot called Astagi. However, he did not battle with the fortresses of T'ughars and Xunan, for they were impregnable. He besieged the Sarakinites for twelve months, since they had insulted Alexander. Nor did he conclude peace with them, until it happened that [the besieged] dug a soft cave through to the other side and all fled in the night to the Caucasus. However [Alexander] killed many there, capturing women and innocent children down to the age of twelve.

Եւ կացոյց ի վերայ երկրին պատրիկ՝ որ է աւագ, զայր մի Մակեդոնացի՝ Ազոն կոչեցեալ, տուեալ նմա զօրս հարիւր հազար, որք էին եւ սաստիկ նեղէին զՅոյնս յաշխարհին իւրեանց. վասն որոյ հեռացոյց զնոսա անտի, եւ ետ ի ձեռս Ազոնի. եւ Ազոն կացոյց ի նոցանէ իշխեցողս ընդ ամենայն երկրին Վրաց: Եւ պատուիրեաց Աղեքսանդր Ազոնի՝ պատւի դնել արեգական եւ լուսնի եւ հինգ աստեղացն, եւ ծառայեսցեն միոյ անտեսին Աստուծոյ՝ ստեղծողին երկնի եւ երկրի. եւ զսոյն օրինադրէր ամենայն երկրի, քանզի ոչ գոյր քարոզ ճշմարտութեանն յաւուրսն յայնոսիկ:

Իսկ Ազոն քակեաց զամենայն ամուրսն յաշխարհին Վրաց, թողեալ չորս բերդս ի դրանն Վրաց, լցեալ զօրօք զնոսա: Եւ արար ընդ հարկիւ զԼեկս, զՕսս եւ զԽազրիկս. եւ տիրեաց ամենայն Վրաց՝ ի կողմանց Հերեթոյ եւ Բերդահօջոյ մինչեւ ի ծովն Սպերոյ:

Եւ Աղեքսանդր թագաւոր ամս երկոտասան հնազանդեալ զաշխարհ, եւ յերկոտասան ամին արձակեաց յաշխարհին իւրեանց զպատանդսն՝ որք էին ընդ նմա ի ծառայութիւն: Եւ բաժանեաց զիշխանութիւն իւր չորից ազգականաց իւրոց. Անտիոքու՝ որ զԱնտիոք շինեաց՝ ետ զԱսորեստան, եւ Հռոմոսի՝ զՅոյնս յարեւմտից, որ շինեաց քաղաք իւրով անուամբն, եւ Բիւզանդոսի՝ որ զԲիւզանդիոն շինեաց՝ ետ զԹրակիա, զԲիւթանիա եւ զՎիրս. եւ գրեաց առ Ազոն՝ զի ծառայեսցէ զԲիւզանդոս: Եւ զՊտղոմէոս արձակեաց յԵգիպտոս, տալով նմա զԱղեքսանդրիա. եւ ինքն վճարեաց զկեանսն:

Then he set up over the country a patrician, that is, a man of rank, a Macedonian man named Azon. He gave him 100,000 troops who were front-liners, experienced men and wrestlers who had severely harassed the Greeks in their own land. For this reason he had taken them far from there, entrusting them to Azon. From their number Azon set up rulers throughout the entire country of Iberia. Alexander commanded Azon to honor the sun, moon and five stars, and to serve one unseen God, creator of heaven and earth, and he legislated the same for the whole country. For at that time there was no preaching of truth.

Now Azon pulled down all fortresses in the land of Iberia, leaving four fortresses [standing] at the gates of Iberia, and filling them with soldiers. He made tributary the Leks, Ossetians, and Khazars and ruled all of Iberia from the Heret' region and Berdahoj as far as the sea of Sper.

King Alexander subdued the world in twelve years. In the twelfth year he liberated those hostages who had been with him in service. He divided his principality among his four relatives: to Antiochus who built Antioch he gave Asorestan; to Hromos, who built a city in his own name, he gave the western Greeks; to Biwzandos, who built Biwzand, he gave Thrace, Biwt'ania, and Iberia. He wrote to Azon that he was to serve Biwzandos. He sent Ptolemy to Egypt, giving Alexandria to him. And then [Alexander] himself died.

Իսկ զկնի այնորիկ մոռացաւ Ազոն զհաւատն տուեալ յԱղեքսանդրէ, եւ արար երկու կուռք արծաթի, Գացիմ եւ Գայիմ անուանք նոցա, եւ պաշտէր զնոսա: Եւ էր այր բռնաւոր եւ արիւնասէր, եւ ծառայէր Բիւզանդայ: Եւ եղ օրէնս Ազոն իւրոցն, զի ոք գտանէ ի Վրաց ազգէ ընչեղ եւ հասակեղ եւ աջողեալ՝ սպանցեն զնա, եւ առցեն զինչսն: Եւ դարձաւ ի Յունաց, եւ եհար ի նոցանէ զբազումս:

Յայնժամ ընտրուեցաւ այր մի յորդւոցն Մցխիթոյ՝ Փառնաւազ անուն, պարսիկ մօրէ Սպահանեցւոյ. եւ էր նա որդի քեռ Սամարոսի, որ տանուտէր էր Մցխիթոյ ի գալն Աղեքսանդրի, զոր եւ սպանն իսկ: Եւ էր Փառնաւազ մտաւոր եւ որսորդ աջողաձեռն. եւ եղեւ ծանօթ Ազոնի: Եւ մայրն Փառնաւազոյ ասէր՝ մի՛ յայտնել զինքն Ազոնի, այլ տար զիս, ասէ, յԱսպահան առ եղբարս իմ, եւ ապրիս դու ընդ իս. եւ ոչ ախորժէր Փառնաւազ թողուլ զհայրենիս իւր: Եւ տեսանէր երազ, որպէս թէ կայցէ նա ի տան նեղազունի, եւ խորհէր ելանել, եւ ոչ կարէր. եւ յանկարծակի ծագէր շող արեգականն ընդ պատուհանն, եւ պատէր զմիջովն նորա, եւ քարշէր զնա ի դուրս: Եւ յելանելն՝ մերձ տեսանէր զինքն արեգականն, եւ սրբէր զքիրտս, եւ օծանէր զերեսս իւր. եւ զարթուցեալ զարմանայր: Եւ դնէր ապա ի մտի՝ թէ երթամ յԱսպահան՝ բարի լինի ինձ, եւ խորհեցաւ գնալ: Եւ ի նոյն աւուրն ելանէր յորս միայն, եւ ետես երէ մի ի հեղեղատն Տփխեաց, եւ եհար զնա նետիւ, եւ անկաւ երէն ի կիրճ մի քարի. եւ նա զկնի նորա գնաց: Եւ եմուտ արեգակն եւ մնաց անդ զգիշերն. եւ եկն անձրեւ ձիւնախառն, եւ խնդրէր Փառնաւազ հովանի. եւ ետես անդ խցեալ քարամբք մուտ մի ի հին ժամանակաց, եւ էր խախտեալ. եւ բացեալ՝ ետես այր մի ընդարձակ, լցեալ գանձիւք ոսկեղինօք եւ արծաթեղինօք. եւ խնդացեալ՝ յիշեաց զերազն:

Now after this, Azon forgot the faith given by Alexander and fashioned two idols out of silver, naming them Gats'im and Gayim; and he worshipped them. He was a tyrannical, bloodthirsty man, and served Biwzandos. Azon legislated for his own [people] that should any Iberian be found possessing property, maturity and success, he should be slain and his property confiscated. He turned away from the Greeks, killing many of them.

At that time, they selected a man named P'arnawaz belonging to the sons of Mts'xet'a, the son of an Iranian mother from Isfahan. He was the son of the sister of Samaros who had been tanuter of Mts'xet'a upon Alexander's arrival and who had been killed. P'arnawaz was intelligent and a skilled hunter. He became known to Azon. P'arnawaz' mother told him: "Don't reveal yourself to Azon. Rather, take me to Isfahan to my brothers, and you shall live with me." However, P'arnawaz did not relish leaving his patrimony. He had a dream in which he saw himself in a very narrow house, unsuccessfully thinking about getting out. Suddenly a ray of sunlight came through the window, encircled his waist and pulled him to the door. Upon emerging, he saw the sun near him. He wiped off his sweat and anointed his face. Waking up, he was astonished. Then he thought: "I shall go to Isfahan and it will be good for me." He planned to leave. That same day he went hunting, alone. He spied a deer in the ravine of Tiflis and shot it with an arrow, and the deer fell into a hollow of the rock. [P'arnawaz] went after it. The sun set and he remained there that night. Rain fell, mixed with snow, and P'arnawaz sought shelter. He discovered an entrance long ago stopped up with rocks, which had become dislodged. Opening [the entrance] he saw a large cave filled with gold and silver treasures. In joy he recalled the dream.

CHAPTER III

Եւ չոքաւ կոչեաց զմայրն իւր եւ զերկուս քորսն. եւ պեղեցին զգանձն հնգետասան գիշերս, եւ պահեցին ընդ ձեռամբ ի զանխուլ տեղիս յայլ եւ յայլս: Եւ առաքեաց Փառնաւազ առ Քուջիս, եւ ասէ ցնա. կայ մօտ առ իս խաշն. թէ կամիս՝ գամ առ քեզ, եւ տանիմք զսա ի բան. արդ, է նա հակառակ Ազոնոյ, եւ յոյսն մեր բարւոյ՝ տայ մեզ յաղթութիւն: Եւ իբրեւ լուաւ Քուջիս՝ խնդաց եւ ասաց. Ե՛կ առ իս, եւ ստանամք ի խաշնէդ զօրս ընդդէմ Ազոնի, եւ զուարճանայ տունս Վրաց. եւ ձեռն տան մեզ Ցոյնքն, զի ապստամբեաց ի նոցանէ Ազոն: Եւ չոքաւ Փառնաւազ ընտանեօքն իւրով առ Քուջիս. եւ ընկալաւ զնա խնդութեամբ, եւ ասէ նոցա. ի նախնեաց տանուտերաց տանն Վրաց ես դու, եւ վայել է քեզ իշխանութիւնն. եւ արդ, դու տէր, եւ ես ծառայ քո: Եւ նոյնհետայն ազդ արարին Լեկաց եւ Օսից. եւ յոյժ ուրախ եղեն, որպէս ձանձրացեալք ի հարկատրութենէն Ազոնի: Եւ ժողովեալք ի միասին եկին առ նոսա բազմութիւն յոյժ հեծելոց. նոյնպէս եկին եւ յԵգրաց: Լուաւ զայս Ազոն, եւ ժողովեաց զզօրս իւր. եւ հազար այր հատուածեալ ի զօրաց նորա՝ գնաց առ Փառնաւազ, որք էին Ցունաց: Իսկ Ազոն անվստահ եղեալ ի մնացեալ զօրսն, փախեաւ յամուրսն Կլարճեթոյ: Իսկ Փառնաւազ չոքաւ ի Մցխիթա, եւ էառ զնա եւ զչորս բերդն որ առընթեր, զամենայն Վիրս յամի միում: Եւ արձակեաց դեսպանս առ Անտիոքս բազում ընծայիւք, եւ խնդրեաց օգնութիւն ընդդէմ Ցունաց. եւ խոստացաւ ծառայել նմա: Եւ Անտիոքոս ընկալաւ զբանս նորա յօժարութեամբ, եւ անուանեաց զնա որդի իւր. եւ առաքեաց նմա թագ, եւ հրամայեաց իշխանացն Հայոց օգնել նմա:

He went and called his mother and two sisters. For fifteen days they unearthed treasure and kept it in their possession in secret places here and there. P'arnawaz sent to K'ujis [or K'ajis], saying: "I have troops. If you wish I shall come to you and we shall make a pledge in opposition to Azon and in expectation of our victory." When K'ajis heard this, he was delighted and said: "Come to me and from your assemblage we shall have troops [to fight] against Azon, and make Iberia joyful. Furthermore, the Greeks will aid us, since Azon rebelled from them". P'arnawaz went to K'ajis with his family. [K'ajis] received him joyfully and said to them: "You are from [the line of] the former tanuters of Iberia and you are suited for [wielding] the authority. Now you are lord and I, your servant." At the same time, they informed the Leks and Ossetes, and they were extremely happy as [people] wearied of paying taxes to Azon. Assembling together they came to them with a great multitude of cavalry. Similarly, they came from Egeria. When Azon heard about this, he too assembled his troops. But 1,000 men of his army, Greeks, separated and went over to P'arnawaz. Azon, feeling unsure of the remaining troops, fled to the fortresses of Klarchet'. Now P'arnawaz went to Mts'xet'a, took it and the four fortresses nearby, [and] all Iberia in one year's time. He dispatched ambassadors with many gifts to Antiochus, sought aid against the Greeks, and promised to serve him. Antiochus accepted this proposal with joy, called him his son, sent him a crown, and ordered the princes of Armenia to help P'arnawaz.[8]

---

8 *P'arnawaz:* Pharnabazus/P'arnavaz I, king 299-234 B.C.]

Իսկ ի գալ միւսոյ ամին, միաբանեցաւ Ազոն ընդ Յունաց, եւ արար ժողով բազմութեան հեծելոց՝ ի վերայ Փառնաւազայ: Եւ նա զիւրսն ժողովեաց. եւ եկն նմա զօր յԱնտիոքու: Եւ յառաջեաց քան զԱզոն ի քաղաք եւ յերկիրն Արտահանու, որ յայնժամ ասիւր Քաջաց-Քաղաք. եւ անդ դիպեցան միմեանց. եւ յաղթեցաւ Ազոն, եւ մեռաւ ի տեղւոջն. եւ հարան զօրքն Յունաց: Եւ գնաց Փառնաւազ ի կողմանս Յունաց, եւ գերեաց զԱնձի, եւ զԱնձուրա եւ զԵլեկացիս, եւ դարձաւ ի Կլարճէթ, եւ էառ զնա, եւ եկն ի Մըցխիթա մեծաւ ուրախութեամբ. եւ գրաւեաց զամենայն գանձն Ազոնի, եւ մեծացաւ յոյժ: Եւ ետ զքոյր իւր ի կնութիւն Օսաց թագաւորին, եւ զմիւսն Քուջիսոյ. եւ ետ նմա ի Գեբոջրոյն ցԵւրիանայ, միջնածովէն մինչեւ ցլեառն մեծ, որոյ ներքոյ կան Եգերացիք եւ Սոնք. եւ անհոգացաւ ի թշնամեաց: Եւ Քուջիս շինեաց զքերդն Քուջի:

Եւ սահմանեաց Փառնաւազ կողմնակալս ութ, եւ սպարապետ մի՝ ի Լեխս, որ շինեաց երկու բերդ՝ զՇարան եւ զԴիմոց. եւ զերկրորդն առաքեաց ի Կախէթ, եւ զերրորդն ի Բերդահոջոյ մինչեւ ցՏփխիս, եւ զՔաջէնքն՝ որ է Դարդաբան. եւ զչորրորդն առաքեաց ի Շամշոյտէ, եւ ետ նմա ի Սկակուրեթոյ մինչեւ ցտաշիր եւ ցԱպոցք. եւ զհինգերորդն առաքեաց ի Ծունդիս, ի Փարաւնոյ մինչեւ ի գլուխն Կուր գետոյ, որ է Ջաւախէթ, եւ ցԱրտահան. եւ զվեցերորդն առաքեաց յՈւնձրխիս, տալով նմա ի Տայոց մինչեւ ցԱրսիան, եւ յՈստանայ գլխոյն մինչեւ ցծովն. եւ զութերորդն արձակեաց ի Քուճաէթ եւ յԵղեր. եւ կացոյց սպարապետ մի ի Տփխեաց եւ յԱրագոյ մինչ ցՏայոց դուռն, որ է Ներքին Քարթլ: Եւ յամենեցունց գայր հարկ եւ հնազանդութիւն թագաւորութեանն:

Now when the next year came, Azon united with the Greeks and assembled a multitude of cavalry to go against P'arnawaz. The latter also assembled his own men, and an army from Antiochus came to him. He anticipated Azon at the city and country of Artahan, then called the City of Braves. They joined battle, and Azon was defeated, dying on the spot. The Greek troops joined them. Then P'arnawaz went to the area of the Greeks, captured Andzi, Andzura and Elekats'is, returned to Klarchet', took it, and came to Mts'xet'a in great joy. He captured all of Azon's treasure and became extremely great. He gave one of his sisters in marriage to the king of the Ossetians, and the other [sister] to K'ujis. And he gave him [lands] stretching from Gerojur to Ewrian, from mid-sea to the great mountain below which are the Egerats'ik' and Sonk'. And [P'arnawaz] was untroubled by enemies. And K'ujis built K'uji fortress.

P'arnawaz designated one *sparapet* and eight officials: one in Lex where he built two fortresses, Sharan and Dimots'; the second he sent to Kaxet'; the third to [the area] stretching from Berdahaj to Tiflis, and K'ajenk' which is Dardaban; the fourth he sent to Shamshoylte and gave him [territory] from Skakuret' to Tashir and Apots'k'; the fifth he sent to Tsunda, from P'arawna to the head of the Kur river, which is Jawaxet' and to Artahan; the sixth he sent to Unjerxis giving him Tayk' to Arsian and from the head of Ostan to the sea; he sent the eighth to K'uchaet' and Eger. He set up a sparapet at Tiflis and from Arago River to the border of Tayk', which is Lower K'art'li. All paid taxes and were obedient to the kingdom.

CHAPTER III

Եւ ածին ի կնութիւն Փառնաւազայ ի Դուրծկայոյ՝ յազգէն Կովկասի: Եւ կարգեցաւ աշխարհն նման թագաւորութեանն Պարսից. եւ ոչ ընդդիմացան Յոյնք, զի անպարապ էին ի Հռովմայեցւոցն: Եւ պարսպեաց Փառնաւազ զՄցխիթա քաղաք, եւ զաւերեալ ամուրսն յԱղեքսանդրէ: Եւ արար պատկեր մի մեծ յանուն իւր, եւ նա ինքն է Արմազ. զի ի պարսիկ լեզուն Արմազ կոչէին զՓառնաւազ. եւ կանգնեաց զպատկերն ի գլուխն Քարթլոսայ, որ ասի մինչեւ ցայժմ լեառն Արամազ: Քսան եւ եօթն ամաց էր ի թագաւորելն իւրում, եւ վաթսուն եւ հինգ ամ թագաւորեաց խաղաղական եւ ուրախական կենօք, եւ ծառայէր Անտիոքու արքայի: Զաշունն եւ զգարունն առնէր ի Մցխեթաս քաղաք, եւ զամառն ի Ջաւախէթ, եւ զձմեռն ի Գանչէնսն. եւ ըստ պահու եւ ժամանակի մտանէր ի Կլարջք եւ յԵգրիս, հոգալով զօգուտ աշխարհաց, զի այր հմուտ եւ իմաստուն էր նա: Եւ զհազար այր եկեալ առ նա յԱզոնայ՝ բաժանեաց ի գաւառս Վրաց, եւ անուանեաց զնոսա Ազոնացիս, եւ բարի առնէր նոցա: Եւ ամենայն տունն Վրաց զոհէին պատկերին, եւ ասէին. Գոհութիւն յուսոյն մերոյ, զի եղեւ մեզ թագաւոր յազգէն Քարթլոսայ նախնոյն մերոյ: Եւ եղեւ որդի Փառնաւազայ, եւ կոչեաց զանուն նորա Սայուրմակ. եւ էր Փառնաւազ առաջին թագաւոր յազգէն Քարթլոսայ. սա ետ հրաման ամենայն երկրին խօսել զլեզուն Վրաց. եւ մեռաւ, եւ թաղեցաւ առաջի կռոց իւրոց Արմազայ:

They married P'arnawaz to Durtska from the line of Kovkas. The land was patterned after regulations of the Iranian kingdom. The Greeks did not oppose this since they were occupied with the Romans. P'arnawaz walled the city of Mts'xet'a as well as those fortresses destroyed by Alexander. [P'arnawaz] had fashioned a large idol named after himself, that is, Armaz. For in Persian they called P'arnawaz Armaz. He erected this idol at the head of K'art'los and until today the mountain is called Armaz. He was 27 years old at his accession, he ruled sixty-five years peacefully and happily; and he served king Antiochus. He spent fall and spring in Mts'xet'a city, summer in Jawaxet', winter in Ganch'enk' and in season he entered Klarjk' and Eger concerned about the welfare of the lands, for he was a sagacious, and learned man. He divided up among the districts of Iberia those thousand men who had come to him from Azon, naming them Azonians and doing well by them. All Iberia offered sacrifices to [his] image: "[He is the] satisfaction of our hope, for we have a king from the line of K'art'los our ancestor." P'arnawaz had a son whom he named Sayurmak. P'arnawaz was the first king from the line of K'art'los. It was he who ordered the entire country to speak Georgian. He died and was buried before his idol Armaz.

CHAPTER III

Եւ թագաւորեաց որդի նորա ի նոյն ամին. եւ խորհեցան իշխանքն Վրաց սպանանել զՍայուրմակ, զի մի՛ ծառայեսցեն ազգացն իւրեանց, այլ օտարի՝ որ ոք ամբառնայ զգլուխ իւր: Եւ իմացաւ Սայուրմակ, եւ առեալ զմայրն գնաց ի Դուրձուկէթ առ եղբարս մօր իւրոյ: Իսկ Ազոնացիքն կոչեցեալ զօրքն չոքան առ նա՝ վասն երախտեաց հօր նորա: Եւ կոչեաց առ ինքն զՕսաց թագաւորն յօգնութիւն. եւ չոքաւ եւ տիրեաց երկրին դիւրութեամբ. եւ սատակեաց զթշնամիս իւր, եւ ոմանց եթող զկանցանսն. եւ մեծացոյց զԱզոնացիս, եւ նուաստացոյց զՎրացիս. եւ ած բազմացեալ Կովկասոսի ազգին զհասարակն եւ բնակեցոյց ի Մըրթշուլէթ՝ որ Սուանէթ. եւ ի սոցանէ արար նախարարս՝ հաւատարիմ կոչելով: Սա արար պատկերս չորս, Այինինայ եւ Դանանայ՝ ի վերայ ճանապարհին Մցխեթոյ: Եւ ած զդուստր Պարտաւայ իշխանին՝ իւր ի կնութիւն՝ պարսիկ ազգաւ. եւ ծնաւ նմա երկու դուստր. զմին ետ Մրուանայ մօրաքեռորդւոյ կնոջ իւրոյ պարսկի, եւ անուանեաց որդի իւր, եւ զմիւսն ետ որդւոյ Քուջին, որ էր հօրաքեռորդի իւր: Եւ Սայուրմակն կեցեալ ամս բազումս՝ մեռաւ:

His son became king the same year. But the princes of Iberia planned to kill Sayurmak[9] so that they not serve one of their own people, rather a foreigner. [They planned] that someone should cut off his head. However Saurmag found out about this. He took his mother and went to her brothers at Durdzuket'. Now the troops called Azonians went to him out of gratitude to his father. He called to him in aid the Ossetian king and went and easily mastered the country. [Saurmag] killed his enemies, pardoning some, and he elevated the Azonians and demoted the Iberians. He then took half the people of Kovkas—who had multiplied—and settled them at Mt'shulet', which is Suanet'. From their number he made naxarars, calling them loyal. He had four idols fashioned, Ardzinina and Danana on the Mts'xet'a road. And he married the daughter of the prince of Partaw, of Iranian nationality. Two daughters were born to him; one he gave to his Iranian wife's cousin (mother's sister's son) Mruan and called him his son; the other [daughter] he gave to K'ajis' son who was his father's sister's son. Saurmag lived for many years and then died.

---

9 Sayurmak [Sauromaces/Saurmag I, 234-159 B.C.].

Դ

Եւ թագաւորեաց Մրուան ի տեղի նորա, այր իմաստուն, քաջ եւ անձամբ գեղեցիկ: Իսկ Դուրձուկեցիքն մոռացեալ զուխտն՝ ելին ի դուրս, եւ միաբանեցան ընդ Չարթաղքն՝ ընդ բնակիչսն Կովկասու, եւ գերեցին զԿախէթ եւ զԲազալէթ: Յայնժամ Մրուան ժողովեաց զհաւատարիմս իւր զհեծեալ եւ զհետեւակ, եւ գնաց ի վերայ Դուրձկէոյ. եւ եղեւ մարտ սաստիկ, եւ պարտեցան Դուրձկուքն եւ հարան. եւ եմուտ Մրուան յերկիրն, եւ էառ զԴուրձուկ եւ զՃարթալ, եւ զդուռն Կրազմ, որ կայր անդադար Բալայ, եւ եկն ուրախութեամբ ի Մցխէթ: Եւ մեռաւ Անտիոքոս թագաւորն Ասորւոց եւ Բաբելոնի, եւ թագաւորեաց ի Հայք Արբակ, եւ ետ Մրուան զդուստր իւր՝ որդւոյն Վարբակայ, եւ մեռաւ Մրուան:

Եւ թագաւորեաց որդի իւր Փառանջում, որ շինեաց զբերդն Աղէն, եւ կանգնեաց պատկեր ի յԱղէն. եւ շինեաց քաղաք ի Կախէթ՝ զՆերկէս: Եւ յետ այսորիկ մեծարեաց զմոգսն պարսկադեն, եւ շինեաց նոցա տեղի, որ ասի Մոգթա (Տուն մոգաց), եւ եդին տուն կրակի:

Եւ բարկացան Վիրք. եւ խնդրեցին ի Վարբկայ Հայոց արքայէ, զի տացէ նոցա զորդի իւր թագաւոր, զի մեր թագաւորն ասեն, պարսիկ եղեւ, եւ մոռացաւ զհաւատ մարց իւրոց, եւ պաշտէ զհայրենի կրօնսն: Եւ թագաւորն Հայոց ուրախութեամբ դարձոյց զդեսպանսն: Եւ լուաւ Փառանջում, եւ էած զօր ի Պարսից, եւ ուստի կարաց՝ ժողովեաց, եւ ել ընդդէմ թագաւորին հայոց: Եւ Վարբակէս Հայօք եւ Վրօք մարտեաւ ընդ Փառանջում ի գաւառին Տաշրայ, եւ սպան զնա, եւ կոտորեաց զզօրս նորա իսպառ: Եւ թագաւորեցոյց Վրաց զԱրբակ որդի իւր, որ ունէր կին զդուստր Մրուանայ, եւ աջողեցաւ թագաւորութիւն նորա. եւ շինեաց ամուրս բազումս, եւ ամրացոյց զպարիսպն Ջաւախեթոյ՝ քաղաքին Ծունդացւոց. եւ այսպէս աջողութեամբ կեցեալ մեռաւ:

IV

Mruan,[10] a wise, brave and handsome man, ruled as king in his [Saurmag's] place. Now the Durtsukets'ik', having forgotten their oath, came forth united with the Ch'art'aghk' with inhabitants of Kovkas, and they captured Kaxet' and Bazalet'. Then Mirvan assembled the cavalry and infantry of those loyal to him and went against the Durtske. A difficult battle ensued. The Durtsukets'ik' were defeated [with the king]. Mirvan entered the country, took Durtsuk', Chart'al, the Krazm gate which is there by Darbal, and happily came to Mts'xet'a. Antiochus, the king of Syria and Babylon, died; in Armenia, Arbak ruled as king. Mirvan gave his daughter to the son of Arbak and then he himself died.

[Mirvan's] son, P'aranjum,[11] then ruled [Iberia] as king. It was he who built the fortress Aden and erected an image at Aden, and likewise built the city of Nerkres in Kaxet'ia. After this he elevated the mages of Iranian faith, built a place for them, presently called Mogt'a (House of the Mages) and established a fire-temple.

The Iberians were angered. They asked Arbak, king of Armenia, to give them his son as king, "For," they said, "our king has become an Iranian and forgotten the faith of our mothers and worships [his] patrimonial religion." The king of Armenia happily sent the emissaries back. But P'arnajom had heard about this. He got troops from the Iranians and wherever else he was able, assembled them, and arose against the king of Armenia. With Armenians and Iberians [in his army], Varbak battled with P'arnajom in the Tashir district, killing him and totally destroying his army. His established his son Artak—who was married to Mirvan's daughter—as king of Iberia. His reign was successful. He built numerous strongholds and fortified the walls of the city of Tsunda in Jawaxet'. Thus, having reigned with success, he died.

---

10 *Mruan:* Mirvan I, Meribanes 159-109 B.C.
11 *P'aranjum:* P'arnajom, 109-90 B.C.

CHAPTER IV

Եւ թագաւորեաց Արտակ որդի նորա ի վերայ Վրաց ամս երկուս: Յաւուրս սորա եկին Պարսիկք վրէժխնդիր արեանն Փառանջումայ. եւ ոչ կարաց Արտակ պատահել նոցա վասն բազմութեանն, այլ ամրացաւ ի նոցանէ. եւ նոքա զորս գտին յարձակ տեղիս առին եւ գնացին:

Զկնի Արտակայ թագաւորեաց որդի նորա Բարտոն: Իսկ որդին Փառաջնումայ սնաւ ի Պարսս, եւ առեալ օգնականս՝ գայ ի վերայ Բարտոնայ. եւ յղէ պատգամ առ իշխանսն Վրաց՝ ի բաց կալ ի Բարտոնայ. եւ ոչ լուան նմա, այլ կռուեցան ամիս մի առընթեր Խունանայ՝ ընդ Մրուանայ. սակայն յաղթեցան, եւ մեռաւ Բարտոն ի պատերազմին: Եւ զի ոչ ունէր որդի, այլ դուստր մի, զոր տուեալ էր յամուսնութիւն որդւոյն Քուջիսոյ, զի լինիցի ժառանգ արքայութեան նորա. եւ արար զայն վասն հաճելոյ զՎիրս, որ ոչ կամէին զօտար ազգի թագաւորութիւնն, այլ զՓառնաւազունիսն միայն. այլ եւ նա սպանաւ ի նմին պատերազմի, որում անուն էր Քարթամ: Եւ կին նորա՝ դուստրն Բարտոնի յղի գոլով՝ գնաց ի հայս. եւ ծնաւ որդի, եւ կոչեալ զնա Աղրիկ: Իսկ Մրուան մտեալ ի Վիրս, տիրեաց ամենայն աշխարհին, բռնութեամբ հնազանդեալ զամրացեալսն ի դղեակս, եւ երդմամբ արտաքս բերեալ յանառիկ տեղեացն: Եւ ի Շամշուտոյ հանեալ զկինն Բարտոնի՝ կին արար զնա, որ էր դուստր Արքակունեաց: Եւ ծնաւ որդի, եւ կոչեաց զնա Արքակ: Եւ կեցեալ Մրուան ամս սակաւ՝ մեռաւ, եւ թագաւորեաց որդի նորա Արքակ:

His son, Artak,[12] ruled over the Iberians as king for two years. In his day the Iranians came to avenge the blood of P'arnajom. However, because of their multitude, Artog was unable to encounter them; rather, he secured himself against them. Whomever [the Iranians] found in open places, they took, and departed.

After Artog his son, Barton,[13] ruled. Now P'arnajom's son, who had been nourished in Iran, took [Iranian] auxiliaries and came against Bartom. He sent a message to the Iberian princes to stand away from Bartom. But they did not heed him. Instead they fought for a month under Mruan[14] near Xunan. But they were defeated and Bartom died in battle. He had no son, only one daughter whom he had married to a descendant of K'ujis so that there would be an heir for his kingdom. And he did this to please the Iberians who did not want the reign of a foreign people but only of the Pharnabazids. However [the would-be heir], named K'art'am, was likewise slain in the same battle. Now his wife, Bartom's daughter, being pregnant, went to Armenia and bore a son, naming him Adrik. Mirvan entered Iberia, mastered the entire land, violently subdued those fortified in keeps, and brought [resisters] out of impregnable places by oaths. He removed Bartom's wife (the daughter of the Arbakunis) from Shamshute, and married her. He had a son whom he named Arbak. After Mirvan lived a few years, he died and his son Arbak[15] reigned.

---

12 *Artak:* Artoces/Artog, 78-63 B.C.
13 *Barton:* Pharnabazus II/Bartom, 63-30 B.C.
14 *Mruan:* Mirvan II.
15 *Arbak:* Artaxias/Arsaces/Arshak II, 20 B.C. - 1 A.D.

CHAPTER IV

Իսկ Ադրիկ սնեալ ի հայս՝ եղեւ այր անձնեայ, եւ աջողակ ի պատերազմունսն գտեալ՝ որ ընդ Հայս եւ ընդ Ասորիս, կոտորեալ ի նոցանէ յոլով Մումբերիզս: Սա առեալ զզօրս Հայոց՝ մարտեաւ ընդ Արբակայ յերկիրն Թռեղեաց, որ է Ծաղկաց. եւ օր մի ողջոյն կռուեալ սուսերօք՝ խորտակեցին զնոսա. եւ ոչ ոք դարձոյց ի նոցանէ թիկունս: Եւ հանգեան զգիշերն, եւ ի վաղիւն կռուեցան երկաթակուռ մահակօք, իբրեւ զուռունս դարբնաց՝ որ բախեն ի վերայ սալից. եւ ոչ այնպէս դարձան ի միմեանց: Ապա առեալ զաղեղունս՝ նետաձիգ եղեն առ միմեանս. եւ եհար զաղեղունս՝ նետաձիգ եղեն առ միմեանս. եւ եհար Ադրիկ նետիւ զլանջս Արբկայ՝ եղբօր մօր իւրոյ, եւ սպան զնա. եւ դարձան Վիրք ի փախուստ: Եւ յաղաչանս անկեալ Հայոց Ադրիկ՝ արգել ի կոտորելոյ զՎրացիսն. Զի ես եմ, ասաց, այնուհետեւ թագաւոր նոցա՝ շնորհիւ ձեր: Եւ ամենայն զօրքն Վրաց անկեալ երկիր պագին Ադրկայ, եւ դրին ի գլուխ նորա զթագն Արբակայ. եւ մի եղեն Հայք եւ Վիրք եւ տունն Առնայ: Երեսուն ամաց էր ի թագաւորելն իւրում, եւ քառասուն եւ հինգ ամ թագաւորեաց ի վերայ Վրաց, առեալ զդուստր թագաւորին հայոց ի կնութիւն:

Ի սորին առաջին ամին ծնաւ Յիսուս Քրիստոս ի Բեթղեհէմ Հրէաստանի: Եւ եկն համբաւ առ Հրեայսն Մցխեթոյ, եթէ եկին թագաւորք ի Պարսից, եւ գերեցին զԵրուսաղէմ, եւ սուգ առին Հրեայքն. եւ զկնի բազմաց լուան՝ եթէ ոչ ի գերութիւն Երուսաղէմի, այլ յընծայաբերութիւն մանկան միոյ կուսութեամբ ծնելոյ եկին նոքա, եւ խնդացին յոյժ: Իսկ զկնի ամաց երեսնից եկին դեսպանք ի կողմանս արեւելից հիւսիսոյ, եթէ ընծայեալն ի մոգուց մանուկն՝ եկեալ ի հասակ առն կատարելոյ՝ քարոզէ զինքն որդի Աստուծոյ. արդ, որք միանգամ են յազգէս մերմէ իմաստունք եւ տեղեակք օրինաց մերոց՝ եկեսցեն, զի գնասցուք վասն բանիս այսորիկ: Եւ լուեալ զբանն՝ գնացին Ելիոս ի Մցխիթոյ, Լունկինոս Կարսնեցի: Եւ յերթալն նոցա դիպեցան աւուրն մեծի Ուրբաթու չարչարանացն Տեառն. եւ նոքա բերին զպատմուճանն Տեառն ի Մցխիթա:

Now Adrik, who had been nourished in Armenia, was a personable man, and one successful in the wars [occurring] between Armenia and Syria, slaying many of the Mumberiz among them. Taking Armenian troops, he battled with Arshak in the T'reghk' country, which is Tsaghikk'. Fighting for an entire day using swords, they crushed [the Iberians]; and none of them turned back. They rested that night, but the next day they fought with iron clubs, raining down blows like a blacksmith striking the anvil. But they did not part from each other [content] with that. So taking up bows, they shot at each other with arrows. Adrik struck the breast of Arshak with an arrow and killed him, his mother's brother. The Iberians took to flight. Beseeching the Armenians, Adrik prevented [them] from killing Iberians, saying: "From now on, thanks to you, I am their king." All the Iberian troops fell to the ground and revered Adrik[16] and placed Arshak's crown on his head; and the Armenians, Iberians, and Aghuanians were one. [Aderk] was thirty years of age at his accession and ruled the Iberians as king for forty-five years, marrying the daughter of the Armenian king.

In the first year of [Aderk's] reign, Jesus Christ was born in Bethlehem, Judea. News came to the Jews of Mts'xet'a that kings had come from Iran and captured Jerusalem; and the Jews mourned. But after two years they heard that [those kings] had not come to capture Jerusalem but to bring gifts to a child born of a virgin; and they rejoiced exceedingly. Thirty years later emissaries came to the northeast [saying that] the child to whom the mages had given gifts, having come to full maturity, preached that he was the son of God. "Now," they said, "whoever of our people are wise and learned in our faith, let them come forth and go [to find out about] this matter." Having heard this, Elios of Mts'xet'a [and] Lunkinos Karsnets'i went. They arrived on the day of the great Friday of the Lord's torment. And they brought back to Mts'xet'a the Lord's robe.

---

16 *Adrik*: Pharasmanes I/Aderk I, 1-58 A.D.

CHAPTER IV

Եւ յաւուրս նորին թագաւորի Աղրըկայ՝ եկին երկուք ոմանք յերկոտասան առաքելոցն, Անդրէ եւ Սիմոն Կանանացի, յԱփխազէթ եւ յԵդրիս. եւ կատարեցաւ սուրբն Սիմոն ի քաղաքին Նիկոփիս, ի սինօռն Յունաց: Եւ սուրբն Անդրէաս դարձուցեալ զեգրիս՝ գնաց առ Կլարջօք: Եւ լըւաւ Աղրիկ, եւ բարկացաւ. եւ առաքեաց դարձոյց անդրէն ի կուռս զեգրիս. եւ թաքուցին զԽաչ եւ զպատկեր Խաչին. եւ մեղադիր եղեւ ոստիկանին Կլարջից՝ զի խաղաղութեամբ արձակեաց զԱնդրէ:

Ի սոյն ժամանակս Պարսք ապստամբեցին ի Մակեդոնացւոց, եւ եդին իւրեանց թագաւոր զԱժիան իմաստուն: Այս Աղրիկ թագ եդ երկուց որդւոց իւրոց, բաժանելով նոցա զերկիրն. զՔարթլ բազում սահմանօք՝ ետ Բարտոսոյ, եւ Խունանայ մինչեւ ի Կլարճէթ՝ ետ Քարթամանայ, եւ մեռաւ: Ի սոցա թագաւորութեանն Սպասիանոս Կայսրն Հռոմայ գերեաց զԵրուսաղէմ: Եւ եկին ի Հրէից անտի փախստականք, եւ յարեցան յառաջին Հրեայսն Մցխեթոյ. ընդ նոսա էին որդիքն Բարաբբա աւազակին, զոր Հրեայքն հայցէին ի Պիղատոսէ փոխանակ Տեառն մերոյ: Եւ Բարտոսն եւ Քարթամ կային ի հնազանդութիւն թագաւորացն Հայոց, յԱղրկայ սկսեալ. եւ աւելի՝ Արմազու թագաւորքն օգնէին Հայոց՝ ընդդէմ կալով թշնամեաց նոցա:

In the days of this same king Aderk, two of the Twelve Apostles, Andrew and Simon the Caananite, came to Abkhazia and Eger. Saint Simon was martyred in the city of Nikop's on the Greek border. Saint Andrew, having converted Eger, went on to Klarjk'. When Aderk heard of this, he grew angry. He sent and turned Eger from that [faith] back to the idols. And they hid the Cross and the image of the Cross. The *ostikan* of Klarjk' was blamed for peacefully setting Andrew free.

In these times the Iranians rebelled from the Macedonians and set up the learned Azhia as their king. Aderk crowned his two sons, dividing the country between them: to Bartom he gave K'art'li with many borders, and to K'art'am he gave [territories] from Xunan to Klarjet'. Then he died. During the reign of these [two sons], Spasianos Caesar[17] of Rome captured Jerusalem. Thence came Jews as fugitives and they joined the first Jews of Mts'xet'a. Among them were the sons of Barabbas the robber whom the Jews had requested from Pilate in place of our Lord. Bartom and K'art'am were obedient to the kings of Armenia, [a practise which had] commenced with Aderk. Furthermore the kings of Armaz aided the Armenians against their enemies, doing battle with them.

---

17 *Spasianos Caesar:* Vespasian, 69-79 A.D.

Ե

Յետ այսորիկ թագաւորեաց Հայոց մեծն Երուանդ, եւ էառ ի Վրաց զԱրտահան, մինչ ցԿուր գետ, եւ զքաղաքն Ծօնդայ. եւ բնակեցոյց ի նմա մարդ դիւախօս, եւ անուանեաց զնա Քաջատուն: Եւ մեռան թագաւորքն Վրաց տրտմութեամբ, Փարսման եւ Կայոս: Իսկ Սմբատ Բիւրատայ՝ սպան զԵրուանդ, եւ թագաւորեցոյց զեղբայր նորա զԱրտաբան:

Յայնժամ թագաւորքն Վրաց՝ Ազուկ եւ Ազմայէր, կոչեցին յօգնութիւն զԼեկաց եւ զՕսաց թագաւորքն, երկու եղբարք, զԲազուկ եւ զԱնբազուկ: Եւ ածին նոքա ընդ ինքեանս զՊաճանիկք եւ զՋիկք, զԴարձուկք եւ զԴիդօք. եւ զօրքն Վրաց առ հասարակ ի մի վայր եկեալ, մտին յանկարծուստ յաշխարհն Հայոց, մինչդեռ անկազմ կային նոքա, եւ գերեցին զՇիրակ եւ զՎանանդ մինչեւ ցԲասեն. եւ դարձան ի դաշտն Նախջաւանու, եւ առին աւար բազում. եւ եկին ընդ դուռն Փառիսոսոյ, եւ փութով անցին ընդ Կուր գետ. եւ երթեալ ի Կամբէճ, բանակեցան ի վերայ Իօրի գետոյն: Իսկ Սմբատայ ժողովեալ զզօրս Հայոց, չոգաւ զկնի նոցա մինչեւ ցԿուր գետ. եւ արձակեաց դեսպանս, եւ ասէ ցնոսա. զոր սպանիք ի Հայոց՝ թողեալ ձեզ, եւ զոր ունիք կենդանի՝ այսրէն դարձուցէք:

Իսկ նոքա հպարտացեալ խստագոյնս պատասխանեցին նմա, որպէս թէ դառնալոյ են ի վերայ՝ զի զնա եւս առնուցուն: Եւ լուեալ Սմբատ՝ էանց ընդ գետն Կուր, եւ դիմեաց առ նոսա առիւծաբար: Իսկ թագաւորն Օսաց՝ Բազուկ խնդրեաց մենամարտիլ ընդ նմա, եւ մեռաւ ի ձեռաց նորա, անցուցեալ զնիզակն թափ ընդ լանջսն կանգուն մի: Եւ եղբայր նորա Անբազուկ դիմեաց ընդդէմ նորա. եւ զնա եւս եհար նիզակաւն եւ անկաւ մեռեալ. եւ ասէ. Վրէժխնդրութիւն լիցի այս՝ Հայոց կանանց եւ անմեղ մանկանց՝ սպանելոցն ի ձեռաց ձերոց:

V

Subsequently Eruand ruled Armenia and took [territory] from the Iberians: Artahan to the Kur River and the city of Tsonda. And he settled devil-speaking men there, and named it *K'ajatun*.[18] The Iberian kings P'arsman and Kaos died sadly. Now Smbat Biwrat killed Eruand and enthroned his brother Artaban.

Then Azork and Armazel, the kings of Iberia, called on the two brothers Bazuk and Anbazuk, kings of the Leks and Ossetians, for aid. And they gathered with them the Pachanik', Jikk', Durdzukk' and Didok'. The entire' Iberian army assembled at one place and unexpectedly entered the land of Armenia while it was unprepared. They captured Shirak and Vanand as far as Basen, then turned to the plain of Naxjawan taking much booty. They passed through the P'arisos Gate and hurriedly crossed the Kur River. Then, going to Kambech, they encamped on the Iori river. Smbat assembled the Armenian army and went after them, as far as the Kur River. He dispatched emissaries, saying to them: "You are forgiven for those Armenians you have slain, and you may keep the loot and booty taken, but return the living captives you have."

However, [the Iberians], having grown arrogant, replied very sternly to him, saying that they were coming against [the Armenians] to capture [Smbat] as well. When Smbat heard this he crossed the Kur river and went against them like a lion. The Ossetian king Bazuk wanted single combat with [Smbat], and died at his hands—the spear penetrating through his breast a cubit's length. His brother Anbazuk went against [Smbat], but he too was struck by the spear and fell dead. [Smbat] said: "Let this be revenge for the Armenian women and innocent children you killed."

---

18 *K'ajatun:* Home of the Braves.

Եւ խառնուեցաւ ամենայն բանակն ընդ միմեանս յոյժ ահաւորապէս, եւ անկան յերկու կողմանց անթիւք մինչեւ ցերեկոյ. եւ պարտեալ հիւսիսայնոցն զփախուստ առին. եւ յանխնայս խոցոտէին ընկենուին ի նոցանէ զօրքն Հայոց, մինչեւ ցմնալ յոյժ սակաւուց, զորս գիշերն ապրեցուցանէր: Եւ թագաւորքն երկոքին Վրաց խոց առած՝ զերծան անկան ի Մցխիթա: Իսկ Սմբատ յաջողութեամբ մտեալ ի Քարթլ՝ աւերեաց զերկիրն. եւ շինեաց բերդ մի յերկիրն Ունձըրխւոյ՝ զՍամցխէ, եւ եթող անդ զօրս օգնական Ծունդացւոցն՝ որք հնազանդեցան նմա:

Իսկ թագաւորքն Վրաց Արզուկ եւ Ամզիէր, առեալ ընդ ինքեանս զՕսաց ազգն, հարկանէին զերկիրն Հայոց՝ առ գետովն Նուատէ, եւ առ Պախարաւ՝ որ են Տայք, եւ առ ճանապարհին Աշոցաց: Ապա թագաւորն Հայոց Արտաբան խաղաց 'ի վերայ Վրաց, եւ նստաւ ի վերայ Մցխիթայ հինգ ամիս՝ քանդելով զաշխարհն, մինչեւ յողորք անկեալ խնդրեցին զհաշտութիւն, զի ծառայեսցեն նոցա Վիրք եւ Օսք: Եւ լուաւ նոցա, եւ եդ հարկս, եւ գնաց ի նոցանէ թագաւորն Հայոց, եւ գոռայր ընդդէմ Յունաց եւ Պարսից: Եւ պարապ առեալ Վրաց եւ Օսաց, ասպատակէին ի Հայս: Եւ Արտաբան առաքեաց զորդի իւր զՋարեհ ընդդէմ նոցա սակաւաձեռն. եւ նորա գնացեալ՝ իբրեւ զմանուկ ըմբռնեցաւ ի նոցանէ ի տեղին՝ որ կոչի Ցիլխ լիճ. եւ կամեցան Օսքն սպանանել զնա վասն արեան իւրեանց թագաւորացն, եւ արգելին Վիրք, զի առցեն նովաւ զսահմանս իւրեանց՝ զոր առեալ էին Հայք. եւ արգելին զնա ի Դալարա: Իսկ Հայք ոչ արարին փոյթ զամս երիս. ապա զկնի ամաց երից գնաց Սմբատ որդւովք թագաւորին, Արտաւազաւ եւ Տիգրանաւ, եւ ամենայն զօրօքն Հայոց յերկիրն Թռեղաց:

Then both armies clashed in a frightful way and until evening countless [soldiers] fell on both sides. The defeated northerners fled, and the Armenian army mercilessly cut them down until very few were left; [the survivors] were saved by the night. Both Iberian kings, wounded, escaped to Mts'xet'a. Smbat successfully entered K'art'li and destroyed the country. He built the fortress of Samts'xe in the Undzerxe country and left there auxiliary Tsunda troops which had submitted to him.

Now the Iberian kings Azork and Armazel, taking the Ossetians along, struck the Armenian country by the Nuste river and by the Parxar [mountains], that is, Tayk', and also by the Ashots' road. Then Artaban, king of Armenia, went against Iberia and besieged Mts'xet'a for five months, pulling the land apart until they beseeched him for reconciliation so that the Iberians and Ossetians would serve them [the Armenians]. [Artaban] heeded them, set taxes, and then the Armenian king departed and assaulted the Greeks and Iranians. Left alone, the Iberians and Ossetians commenced raiding Armenia. Artaban sent his son Zareh against them with few troops. Having gone, [Zareh] was captured by them like a child, at a place called Lake Ts'ilx. The Ossetians wanted to kill him to avenge the blood of their kings, but the Iberians prevented this so that by means of [Zareh] they might regain their territories which the Armenians had taken. So they imprisoned him at Dalara. Now the Armenians did nothing for three years, but then Smbat went to the T'reghk' country with the king's sons, Artawaz and Tigran, and the entire Armenian army.

CHAPTER V

Իսկ թագաւորքն Վրաց ամրացան, եւ գաղթեցին զերկիրն, եւ խնդրեցին զհաշտութիւն, տալով ի նոսա պատուով զորդի թագաւորին, եւ խոստացան ծառայութիւն այսպէս. զդրամն գրով եւ անուամբ Հայոց թագաւորին վարել, եւ թէ գայ թշնամին ի վերայ ձեր, երկոքին թագաւորքս Վրաց պատերազմ ընդ այլում ազգի, տասն հազար սպառազէն ի Վրաց քան ընդ ձեզ: Եւ հաւանեալ այսմ հայոց, անդրէն դարձուցին զառեալ սահմանն Վրաց, զԾունդա, զԴումիս, զՋաւխէթ եւ զԱրտահան. եւ եղեն Հայք եւ Վիրք եւ Օսք՝ ազգ մի:

The Iberian kings fortified themselves and left the country and requested peace, giving them the king's son as a surety. They promised the following service: "to use money struck in the language and name of [your] Armenian king, and should an enemy come against you, both of us Iberian kings will live and die [aiding] you; and should you go to war against another people, ten thousand armed Iberians shall accompany you." The Armenians agreed to this and returned to the Iberians those territories they had taken: Tsunda, Dmuis, Jawaxet' and Artahan. And the Armenians, Iberians and Ossetians became one nation.

Ջ

Կատարեցին զկեանս իւրեանց ասացեալ թագաւորքս Վրաց: ՅԱրմազ՝ թագաւորէ Համազասպ, եւ ի Քարթլ՝ Դերուկ, եւ զկնի սորա Փարսման եւ Միհրդատ: Այս Միհրդատ էառ կին պարսիկ՝ յազգէ թագաւորաց, եւ ի խրատուէ Պարսից եղեւ ատեցող Փարսմանայ Արմազեցւոյ, եւ խորհեցաւ սպանանել զնա ի գինւոջ ի տան իւրում: Եւ իմացեալ Փարսմանայ՝ ոչ գնաց ի կոչ նորա, եւ յայտնեցան իրքն, եւ եղեն թշնամիք միմեանց: Եւ էր Փարսման այր բարի, եւ գեղեցիկ ի դէմս եւ ի հասակ, եւ ողորմած եւ իմաստուն եւ քաջ պատերազմող իբրեւ զանմարմին. եւ ամենայն Վիրք սիրէին զնա, եւ ատէին զՄիհրդատ. վասն որոյ փախեաւ ի Պարսս, եւ Փարսման կացոյց ի տեղի նորա զՓառնաւազ սպարապետն իւր՝ կաթնակից եւ համահասակ եւ քաջարի այր: Եւ Միհրդատ առեալ զՊարսս եկն ի վերայ Փարսմանայ. եւ Փարսման ածեալ զօր ի Հայոց՝ չոգաւ ընդ առաջ նոցա ի Հրինսի Խէւ, որ է Երկաթաձոր: Եւ խնդրեցին մենամարտիկք ի Պարսից՝ զՓարսման եւ զսպարապետն իւր. եւ սպան Փարսման եօթնեւտասան այր, եւ սպարապետն՝ արս քսան եւ երիս: Յայնժամ այր մի ի Պարսից, Ջիւանշէր անուն, հսկայ եւ անձոռնի՝ խնդրեաց զՓարսման. եւ նա ել խնդութեամբ ընդդէմ նորա: Եւ նման էր մարտ նոցա որոտման ամպոց՝ ժամս բազումս. սակայն գեղեցիկն այն կորովին Փարսման՝ հարեալ ընկենոյր եւ սատակէր զանարի հսկայն. եւ ձայնէր առ զօրն ասելով. Արի՛ք հա՛պա առիւծքդ որ նջէք, մատիք ի յոչխարսդ կոշկոճեալս ի կարկըտէ: Յորժամ զօրքն Հայոց եւ Վրաց յանխնայ դնէին զամենայն Պարսիկսն արեան ճապաղիս ընդ երեսս երկին:

VI

The above-mentioned kings died. Hamazasp ruled at Armaz and Derok in K'art'li. After them P'arsman[19] and Mihrdat [ruled]. This Mihrdat married an Iranian woman of the royal line. At the urging of the Iranians, he grew to hate P'arsman of Armaz and plotted to kill him while in his cups in his own home. When P'arsman learned about this he did not go to [answer Mihrdat's] summons. The affair was exposed and the two became enemies. P'arsman was a good man, handsome of looks and stature, merciful, wise and as brave a warrior as an incorporeal [hero]. All the Iberians liked him and loathed Mihrdat. As a result of this, the latter fled to Iran and P'arsman set up in his place an intrepid man, named P'arnawaz, his own sparapet, milk-brother, and age-peer. Mihrdat took Iranian [troops] and came against P'arsman. P'arsman, taking Armenian troops, went before him at Hrinsi Xeri, which is Iron Valley. Iranian single-combatants requested [combat with] P'arsman and his sparapet. P'arsman killed seventeen men and the sparapet, twenty-three. Then a truly gigantic Iranian, named Jiwansher, sought [combat with] P'arsman; the latter went against him, delightedly. The battle between them lasted for many hours and resembled the thundering of clouds. But the handsome, mighty P'arsman struck, felled, and killed that monstrous giant. Then he shouted to the army: "Oh braves, oh sleeping lions, approach these sheep beaten by the hail." Then the Armenian and Iberian troops mercilessly made carnage of all the Iranians throughout the country.

---

19 *P'arsman:* Pharasmanes/P'arsman II, the Good, 116-132.

Եւ զերծեալ Միհրդատ անկաւ ի Պարսս: Եւ ի յերկրորդ ամին կրկին զօրաց բազմութեամբ դարձաւ ի վերայ Փարսմանայ. եւ եկն ի Մցխեթա, եւ նստաւ անդ: Եւ նոյնպէս խնդրէին ախոյեանք Պարսից զՓարսման եւ զսպարապետն իւր: Եւ սպան ի նոցանէ Փարսման երկոտասան այր, եւ սպարապետն իւր վեշտասան այր. եւ ապականաւ ի նոցանէ սակաւուք, եւ փախեաւ Միհրդատ ի Պարսս. եւ ինքն քաջն Փարսման ուժովն Հայոց աւերէր եւ քանդէր զՊարսս: Որոց մտեալ ի հնարս՝ առաքեն այր մի խորտկարար՝ հատուածի պատճառով, տուեալ ցնա դեղ մահու զի յանկասկածս սպանցէ զՓարսման. զոր եւ արարն իսկ, եւ սպան նենգիւ զամենայաղթն քաջ, եւ լացոյց զտունն Վրաց ի փոքունց մինչեւ ցմեծամեծս: Եւ սպարապետն Փարսմանայ Փառնաւազ՝ առեալ զկին եւ զորդիս Փարսմանայ գնաց ի Հայս. եւ օգնութեամբ նոցա եդ զաւառապետ յԱրմազ եւ յամենայն բաժին նորա, որք պահեցին զմիամտութիւնն Փարսմանայ:

Իսկ Միհրդատ առեալ զՊարսս՝ եկն ի վիրս, եւ ա՛ռ զմասն իւր: Եւ թագաւորն Հայոց հաշտեալ ընդ Յոյնս՝ չնգաւ ընդդէմ Պարսից եւ Միհրդատայ, եւ պատահեաց նոցա ի վերայ Լեխ գետոյն, եւ սպան զՄիհրդատ եւ զիշխանն Պարսից, եւ թագաւորեցոյց Վրաց զորդին Փարսմանայ՝ զԱդմի, որ կեցեալ ամս երիս՝ մեռանի, թողեալ որդի երախայ. եւ նովաւ իշխէր Վրաց՝ կինն Փարսմանայ:

Եւ զկնի նորա թագաւորեաց Համազասպ թոռն նորա, այր քաջ եւ պատերազմող: Յաւուրս սորա եկին Օսքն բազմութիւն յոյժ յանկասկածս ընդ ճանապարհն Դուալեթոյ. եւ նստան ի վերայ Լեախ գետոյն աւուրս ութ, եւ հանգեան. եւ ապա չոգան նստան զՄցխիթա քաղաքաւ:

Mihrdat escaped to Iran. The next year he came against P'arsman with an army twice as large, coming to Mts'xet'a, which he besieged. Once again, the Iranian champions sought [combat with] P'arsman and his sparapet. P'arsman killed twelve of them, while his sparapet killed sixteen men; attacking with sword, he crushed and destroyed the multitude of them. Mihrdat fled to Iran. Then the brave P'arsman himself, with Armenian power, destroyed and demolished Iran. [The Iranians] made a stratagem and sent a destructive man (to whom they had given poison) as an emigrant so that he would kill P'arsman unawares. He did so, treacherously slaying the all-triumphant brave; and he made all of Iberia weep, from the lowly to the grandees. P'arsman's sparapet, P'arnawaz, took P'arsman's wife and son and went to Armenia. With their aid he set up a district chief at Armaz and in all of his sector, people who remained loyal to P'arsman.

Now Mihrdat, taking Iranian [forces] came to Iberia and took his sector. The king of Armenia, having been reconciled with the Greeks, went against the Iranians and Mihrdat. He encountered them on the Lex River, killed Mihrdat and the Iranian prince, and enthroned in Iberia P'arsman's son, Admi.[20] Radamistus lived for three years and then died leaving an infant son. Through him P'arsman's wife ruled Iberia.

After him, his grandson Hamazasp reigned,[21] a brave and martial man. In his day an Ossetian multitude very unexpectedly came through the Dualet'. For eight days they encamped by the Lex River and rested. Then they went and besieged the city of Mts'xet'a.

---
20 *Admi:* Radamistus/Adam, 132-135.
21 *Hamazasmp:* Amazaspus/Amazasp II, 185-189.

Իսկ Համազասպ վեշտասան հազար հեծելօք եւ երեսուն հազար հետեւակօք ելեալ կռուէր ընդ նոսա նետաձգութեամբ ի հեռաստանէ: Եւ ինքն ձգեաց յընտրելոցն ախոյանից հնգետասան այր՝ կորովութեամբ աղեղան. եւ միւս օրն ընկէց ի յՕսացն այր մի Խօնախուա անուն, եւ եբեկ զմէջս նոցա. եւ յերրորդում աւուրն, զի աճեցին զօրքն Վրաց, մարտեան ընդ միմեանս. եւ պարտեցան Օսքն, եւ մեռաւ թագաւորն նոցա, եւ փախեան մնացեալքն յաշխարհին իւրեանց: Եւ յերկրորդումն ամի առեալ զօր ի Հայոց Համազասպ՝ էանց յայնկոյս լերինն ի վերայ Ոսաց, եւ գերեաց զաշխարհն ամենայն, եւ դարձաւ ի տուն իւր:

Զկնի այսորիկ հպարտացաւ յանձն իւր Համազասպ, եւ ապստամբեաց՝ ի Հայոց. եւ սպան յիւրոցն արս երեւելիս, եւ ապաւինեցաւ ի Պարսս: Եւ վասն այսորիկ ատեցին զնա Վիրք, եւ խնդրեցին իւրեանց թագաւոր՝ զորդի թագաւորին Հայոց զՎրոյն՝ զքեռորդի Համազասպայ: Եւ լուաւ նոցա թագաւորն Հայոց, եւ եկն ի Վիրս: Եւ եկին առ նա իշխանքն արեւմտից կողմանն Հնգեքեան, եւ իշխանն Ունձրխեւոյ եւ իշխանն Ծունդայ. կոչեցին եւ զզօրսն Օսաց, եւ եկին խնդութեամբ վասն վրիժուց արեանն՝ զոր պարտէր նոցա Համազասպ: Կոչեաց յօգնութիւն զտունն Պարսից. եւ եղեւ պատերազմ սաստիկ, եւ յաղթեցաւ Համազասպ, եւ սպանաւ ի պատերազմին, եւ հարան զօրքն Պարսից:

Եւ թագաւորեաց Վիրոն ի վերայ Վրաց, եւ ածաւ նմա ի կնութիւն յերկրէն Յունաց դուստրն Լողոթացւոյն, որում անուն էր Սեփելիա. նա եբեր զպատկերն Ափրոդիտեայ, եւ կանգնեաց զնա ի գլուխն Նցխիթոյ: Եւ էր թագաւորն ողորմած եւ նեղելոց վրէժխնդիր. եւ սակաւ ինչ տեղեկացեալ Տեառն մերոյ տնօրէնութեանն սիրէր զՔրիստոս. եւ արգել զմարդազոհութիւնն ի Վրաց, սակայն երկրպագէր կռոց եւ զոհել տայր արջառս եւ ոչխարս: Եւ կոչեցաւ անուն նորա Րէվ, որ ասի Յաղթող. եւ փոխեաց զաս որդի իւր Վաչէ:

Now Amazasp, with 16,000 cavalry and 30,000 infantry, arose and battled them from afar with arrows. He himself by the strength of [his] bow shot fifteen of [their] select champions. The next day he felled an Ossetian man named Xonaxwa and broke his back. The third day, since the Iberian army had grown, [the two sides] fought each other. The Ossetians were defeated, their king was killed, and the rest of them fled back to their own land. The second year Amazasp took Armenian troops, crossed to the other side of the mountain, against the Ossetians, captured the whole land and returned to his home.

After this, Amazasp grew arrogant and rebelled from Armenia. He killed his notables and took refuge in the Iranians. For this reason, the Iberians hated him and requested as king Vroy,[22] son of the Armenian king[23] and Amazasp's sister's son. The king of Armenia acceded to their request and came to Iberia. The five princes of the western region, the prince of Undzrxe and the prince of Tsunda came to him. They also summoned the Ossetian army and came delightedly because of the blood- feud which Amazasp had obligated them to. Amazasp called on Iran for aid. There ensued a severe battle in which Amazasp was defeated and killed in war, and the Iranian army was beaten.

Rev ruled Iberia. He was married to Sep'elia, daughter of Loghot'ats'i from the country of Greece. She brought an image of Aphrodite and erected it at the head of Mts'xet'a. The king was merciful and an avenger of the oppressed. Having been somewhat informed about the dispensation of our Lord, he loved Christ. He prohibited human sacrifice in Iberia. Nonetheless, he worshipped the idols and had cows and sheep sacrificed. He was called Rev which means Triumphant. His son, Vach'e,[24] succeeded him.

---

22 *Vroy:* Rev I the Just, 189-216.
23 *Armenian king:* Vologases II, 180-191.
24 *Vach'e* [A.D. 216-234].

Է

Յայնմ ժամանակի թագաւորեաց Պարսից Քասէ-Շարվան, որդի Սասանայ, որ եբարձ զԱրշակունիս, որ կոչին արդ Բիւրոյք: Եւ թագաւորն Հայոց Խոսրով կռուէր ընդ նմա՝ օգնականութեամբն Ասպարագուրայ, որ ածէր ընդ դուռն Կովկասու զԼեխս եւ զԼեկս եւ զՕսս եւ զԽազիրս՝ առ թագաւորն մեծ Խոսրով: Եւ մտանէր նա բազմախուռն ամբոխիւ ի Պարսս, հարկանէր զզօրսն Պարսից. եւ փախստական լինէր թագաւորն Պարսից Քասէշար, որ նա ինքն է Արտաշիր: Խորհէր այնուհետեւ ընդ մեծամեծս իւր թէ զի՛նչ արասցեն յերեսաց թագաւորին Հայոց, որ տասն ամ նեղէր զնոսա: Ապա յառաջ եկաց ոմն ազգային Խոսրովու, անուն Անակ կոչեցեալ, եւ ասաց ի լուր ամենեցուն. Պարտ է քեզ ծառայել հարկատրութեամբ Խոսրովու, եւ հանդարտին Պարսք ի չարեաց նորա: Եւ գաղտ մերձեալ յականջս նորա՝ ասաց. Երթայց առ նա ընտանութեամբ սիրոյ, որպէս ապստամբեալ ի քէն, եւ սպանից զնա նենգութեամբ: Զոր եւ արարն իսկ: Եւ եկն առ նա հանդերձ եղբարբքն իւրով. եւ ի գալ միւսոյ ամին՝ ի յորսս սպան զնա, յորժամ կամէր ելանել ի Պարսս: Եւ մեռաւ ինքն եւ իւրքն ամենայն, բայց ի յերկուց տղայոց, զոր առեալ դայեկացն՝ փախեան ոմն ի կողմն Յունաց եւ ոմն ի Պարսից:

Եւ լուեալ զայս թագաւորին Պարսից՝ եւ եկն ի Մցխիթա. եւ ետ նոցա երդումն, եւ թագաւորեցոյց նոցա զմանուկն Միհրան հնգամեայ. եւ կացոյց գաւառապետ եւ սնուցող տղային զդայակն իւր զՄիրվանոս, թողեալ առ նմա քառասուն հազար յընտիր արանց Պարսից. եւ ասաց՝ հինգ հազար ի նոցանէ լինել առ թագաւորին, եւ այլն նստցին ի Հերեթ, եւ կռուիցին ընդ Խազրաց, եւ զի պաշտեսցէ որդի նորա զհուր, եւ երկիր պագցէ կռոցն Վրաց. քանզի զայն հայցեցին Վիրք՝ զի մի՛ հանցէ զնոսա ի կրօնից իւրեանց, զի Լաւ է, ասեն, մեռեալ մեզ, քան ի բաց կալ յօրինաց հարցն մերոց:

VII

At that time Iran was ruled by K'arse-Sharvan,[25] son of Sasan, who did away with the Arshakunis, presently called Biwroyk'. Xosrov, king of Armenia, fought with him aided by Asparagur[26] who sent the Lexs, Leks, Ossetians and Khazars via the Caucasus Gate to great king Xosrov. [Xosrov] entered Iran with a motley band, struck the Iranian army, and put the king of Iran, Karseshar—Artashir himself—to flight. Following this, Artashir consulted with his grandees regarding what they should do about the Armenian king who had harassed them for ten years. Then a certain relation of Xosrov's, named Anak, came forward and said in the presence of everyone: "You should serve Xosrov by paying taxes, to preserve the Iranians from his evil." Secretly approaching [Artashir's] ear, he said: "I shall go to him [filled] with family affection, as someone having rebelled from you, and I shall slay him treacherously." Which is just what he did. [Anak] came to [Xosrov] together with his brother, and at the onset of the following year he killed him during a hunt. [Anak] then wanted to escape to Iran, but he and all his people died, excepting two boys whom their dayeaks[27] took and ran off with—one fleeing to the Byzantine area, and one to Iran.

When the king of Iran heard about this, he came to Mts'xet'a [...].[28] He swore an oath to them and enthroned the five year old lad Mihran,[29] and designated his dayeak Mirvanos [Mirvanoz] as district-chief and the boy's nourisher. [Artashir] left with him 40,000 select Iranian cavalry and stated that 5,000 of them should remain with the king while the rest should camp in Heret' and fight the Khazars. [Furthermore he said] that his son should worship fire as well as the idols of Iberia, since the Iberians had requested that they not be removed from their religion. "For," they said, "it is better that we die than abandon the precepts of our fathers."

---

25 *K'arse-Sharvan*: Artashir, C. 221-241.
26 *Asparagur*: Aspacures/Asp'agur I, 265-284.
27 *dayeak*: guardian.
28 The manuscript contains missing lines here.
29 *Mihran*: Meribanes/Mirian III, 284-361.

Եւ խաղաց թագաւորն Պարսից, եւ գնաց առ ստորոտովն Կովկասու յաշխարհն իւր, գերելով զծործորս լերինն: Իսկ Միհրան սնեալ եւ հասեալ յարս՝ սիրեաց զՎիրս, եւ նոցա լեզուաւն վարէր, եւ երկրպագէր հինգ պատկերաց առընթեր կրակարանին: Եւ ի հնգետասան ամի նորա մեռաւ կինն. եւ բերին նմա կին ի Պոնտոսէ՝ զԱննա՝ դուստր Ուիլտոսի: Եւ միշտ կռուէր Միհրան ընդ Խազիրս. քանզի ջանս եդին Խազիրք առնուլ զԴարբանդն, եւ բանալ զդուռն զայն, եւ ելանել 'ի վերայ Պարսից. եւ ոչ տայր նոցա թոյլ Միհրան:

Ի քառասուն ամին սորա մեռաւ հայր նորա Արտաշիր, եւ էառ զթագաւորութիւնն կրտսեր եղբայր նորա Բարտամ: Եւ յորժամ լուաւ Միհրան՝ չոգաւ ի Բաղդատ բազմութեամբ զօրաց, եւ յինքն առնուլ ջանայր զթագաւորութիւնն Պարսից՝ որպէս զաւագ եղբայր. զի յօտարութեան կամ, ասէր, եւ անհանգիստ ի մարտից Խազրաց, զի մի՛ տաց նոցա անցանել ի Պարսս: Իսկ եղբայր նորա նախատէր զնա՝ որպէս զհարճորդի, եւ իւր ասէր անդ զթագաւորութիւնն, զի հայրն՝ ձեռամբ իւրով եդեալ էր զթագն ի գլուխ նորա, եւ գրով հաստատեալ զնա յաթոռ իւր: Ապա ետուն Միհրանայ զՋօղրէթ եւ զկէս երկրին Շամայ. եւ զԱտրպատական եւ զՀայս եւ զՄովկան եւ զՌան եւ զՀերեթ, եւ հաստատեցին զոր յառաջագոյն ունէր: Եւ դարձաւ Միհրան ի կողմանս Օսեթայ, եւ գերեաց զնոսա. քանզի լուաւ եթէ ասպատակեցին նոքա ի Վիրս, գիտացեալք զերթն նորա ի Պարսս: Եւ եհաս Միհրան մինչեւ զԽազարէթ, եւ դարձաւ ընդ կողմանս Դուալեթոյ, եւ եկն ի Մցխիթա: Ական այսորիկ արշաւեցին Խազիրք ի Դարբանդն, եւ չոգաւ Միհրան ընդդէմ նոցա կալ աւուրս բազումս:

The Iranian king arose and went to his own land via the base of the Caucasus, capturing the mountain valley. Now Mirian, who had grown up and reached manhood, loved the Iberians. He used their language and worshipped the five images near the fire-temple. In his fifteenth year, his wife died, so they brought him a woman from Pontus, Anna [Nana], daughter of Ulitos.[30] Mirian was always fighting the Khazars, because the latter were trying to take Darband, to open that gate and descend on Iran. But Mirian did not allow them to do so.

In the 40th year of [Mirian's] reign, his father Artashir died and his younger brother, Bartam, reigned. When Mirian heard this he went to Baghdad with a multitude of troops and he himself attempted to take the Iranian kingdom, as the senior brother, "Because," he said, "I am abroad, and uneasy because of fighting the Khazars, to prevent them from crossing over into Iran." But his brother insulted him as the son of a concubine, and said that it was fitting that he himself should have the kingdom since his father had placed the crown on his head with his own hands and had established him on the throne in writing. Then he gave to Mirian Jozret' and half of Syria, Atrpatakan, Armenia, Movkan and Heret' and confirmed that which he had held previously. Mirian turned to the Ossetian area and conquered [the people] for he had heard that they were raiding Iberia (knowing that it was a passageway to Iran). Mirian reached as far as Xazaret' [i.e., to the Khazars] turned through the Dualet' region and came to Mts'xet'a. After this the Khazars invaded Darband and Mirian went against them and was occupied for many days.

---

30 *Ulitos* [possibly, Olympus].

CHAPTER VII

Յայնմ ժամանակի որդին Խոսրովու Տրդատէս՝ քաջութիւն մեծ ցուցեալ ի Յոյնս, եւ ըմբռնեալ անդ զթագաւորն Գոթացւոց զնեղիչն Յունաց, եւ վասն այսորիկ պըսակեալ ի նոցանէ դառնայր ի հայրենիս իւր, եւ սատակէր զամենայն օտարս՝ զորս գտանէր եւ զզօրսն Միհրանայ: Իսկ Միհրան եբեր զազգական իւր զՊերոզ յօգնութիւն իւր, տուեալ նմա ի կնութիւն զդուստր իւր, թերեւս կարէր, զի մեծ տագնապ հասուցանէր Վրաց աշխարհին եւ ամենայն Պարսից: Յաւուրսն յայնոսիկ թագաւորէր երրորդ եղբայրն Միհրանայ ի Պարսս. եւ առաքեաց առ Միհրան՝ զի առեալ զկարողութիւնն իւր՝ գնասցէ ընդդէմ ի Հայս եւ ի Յոյնս: Եւ չոգաւ ընդ առաջ նմա ամենայն ուժով իւրով, եւ կոտորեցին ամբոխ յոյժ, որ զանցանէր զչափով համարու: Եւ մտին ի Հայս, եւ առին գերի յոլով. զի Տրդատ ոչ կարաց պատահել նոցա՝ սակս բազմութեան նոցա, այլ մնաց յամուրս աշխարհին: Իսկ նոցա առեալ զՀայս՝ անցին յաշխարհն Յունաց, քանդէին, կոտորէին, եւ աւար հարկանէին յանհոգս: Եւ թագաւորն նոցա Կոստանդիանոս ոչ կարէր կռուել ընդ նոսա, եւ կայր ի մեծ տագնապի: Յայնժամ տեսիլ երազոյ ազդ եղեւ նմա՝ եթէ պաշտեսցէ զխաչեալն Աստուած՝ յաղթեսցէ զօրութեամբ խաչին՝ անհուն բանակի նոցա: Զոր եւ արարն իսկ. եւ առաջնորդ արարեալ զնշան Խաչին՝ եկն ի վերայ, եւ եհար զնոսա զօրութեամբն Քրիստոսի՝ կոտորմամբ սրոյ, մինչեւ յոյժ սակաւուք մազապուր լինել թագաւորացն Պարսից եւ Վրաց: Այլ Միհրան մտեալ յամուրն Մցխիթայ, եւ գիտացեալ եթէ կորեան ամենայն ընտիրքն Վրաց եւ Պարսից՝ խոր տրտմութիւն զգենոյր, եւ կայր ի տագնապի. եւ եկեալ ի միտս՝ յղէ դեսպանս առ Մեծն Կոստանդիանոս, եւ խնդրէ ի նմանէ զհաշտութիւն՝ զի ծառայեսցէ նմա. նոյնպէս եւ առ Մեծն Տրդատէս առաքեաց: Եւ լուան նմա, եւ արարին խաղաղութիւն: Կոստանդիանոս էառ զորդին Միհրանայ զԲահքար՝ պատանդ. եւ Տրդատ ետ զդուստր իւր զՍողոմէ՝ որդւոյն Միհրանայ՝ որ Րէւն կոչէր՝ ի կնութիւն, եւ նստաւ յՈչորսի:

At that time Xosrov's son, Trdates, demonstrated great valor in Greece. There he had seized the king of the Goths who had been harassing the Greeks. As a result of this he was crowned by them, returned to his patrimony, and killed all the foreign troops he found there [including] Mirian's forces. Now Mirian brought to his aid his relative Peroz, giving him his daughter in marriage so that he might have [more] power, since a grave threat had come to Iberian land and to all Iran. In those days Mirian's third brother ruled in Iran. He sent [a message] to Mirian that he should take his troops and go against Armenia and Greece. He went before him with all his strength and crushed a great host, beyond calculation. They entered Armenia and took many captives, for Trdat was unable to challenge them because of their multitude. Instead, he remained in the land's fortified places. Taking the Armenians with them, they crossed over to the land of Greece, demolishing, killing and plundering without a care. There [the Byzantine] king, Constantine, was unable to fight with them and was in a great crisis. Then a vision in a dream informed him that if he would worship God Who was crucified, he would vanquish their incalculable army by the power of the Cross. He so moved. Having the sign of the Cross as a guide, he came against them, struck them through the might of Christ, killing with the sword until only very few survivors [remained, who] escaped by a hairsbreadth to the kings of Iran and Iberia. Mirian then entered the stronghold of Mts'xet'a. Knowing that all the select [warriors] of Iberia and Iran had been lost, he felt deep sorrow, and was perturbed. Coming to his senses, he sent envoys to Constantine the Great requesting peace from him so that he would serve him. Similarly, he dispatched [envoys] to Trdates the Great. They heeded him and made peace. Constantine took Mirian's son, Bahk'ar [Bak'ar/Bakur], as a hostage. Trdat gave his daughter, Salome, to Mirian's son, named Rev, and resided at Och'ormi.

Ը

Յայնմ ժամանակի երանուհին Նունի՝ Մայրն Վրաց եկն ի Մցխիթա, եւ եղեւ անդ ամիսս երիս: Եւ եհարց զնա թագուհին Վրաց Սողոմոնի՝ թէ ուստի՛ իցէ: Եւ ասէ ցնա Նունի.

«Լո՛ւր ի սկզբանէ վասն իմ. էր երբեմն զի ազգն Բրանջաց կռուէին ընդ Հռոմայ, եւ այր ոմն Զբողոն անուն Կապադովկացի յաղթեաց նոցա Քրիստոսի զօրութեամբն, եւ ըմբռնեաց զթագաւորն եւ զկրօնսն. եւ նոցա զարմացեալ խնդրեցին զշնորհս մկրտութեանն. զոր տուեալ նոցա, արձակեցին յաշխարհն իւրեանց՝ լուսաւորեալս ի Քրիստոս: Գնաց եւ ինքն Զաբողոն զկնի նոցա, եւ արար զազգն Բրանջաց քրիստոնեայ: Եւ եկն առ թագաւորն, եւ առեալ ի նըմանէ բազում պարգեւս՝ չոգաւ յԵրուսաղէմ պատուել զսուրբ տեղիսն: Եւ եգիտ անդ երկուս որբս, եկեալ ի Կըլաստրատայ՝ զկնի մահուան ծնողաց իւրեանց քրիստոնէից, անուն միոյն Յուբնաղ, եւ քեռն իւրոյ Սուսան, որ ծառայէր զՆիոփոր Բեղղայեմացի. եւ էառ Զաբողոն զՍուսան՝ իւր ի կնութիւն, եւ գնաց ի Կլաստատաս քաղաք. եւ ծնայ ես ի նոցանէ: Եւ իմ եղեալ երկոտասանամեայ՝ եկին յԵրուսաղէմ. եւ հայր իմ չոգաւ յանապատ, զիս յԱստուած յանձնեալ եւ ի շնորհսն Քրիստոսի, զի նուիրեցայց կուսութեամբ երկնաւոր փեսային: Եւ մտի ես ի տունն Նիոփորայ հայկազնոյ, ի Դունայ քաղաքէ, եւ սպասաւորեցի նմա զամս երկուս. եւ հանապազորդ տեղեկանայի վասն տընօրէնութեանն Քրիստոսի Աստուծոյ մերոյ, եւ թէ ո՛րպէս եղեւ կատարումն, եւ ո՛ւր են պատանք թաղման Տեառն մերոյ:

VIII

At that time the venerable Nune, Mother of Iberia, came to Mts'xet'a and was there for three months. The queen of Iberia, Salome, inquired of her whence she had come. Nino replied:

"Hear from the beginning [information] about me. Once it happened that the Frankish people fought with Rome, and a man named Zaboghon, a Cappadocian, triumphed over them through the power of Christ, and seized the king and his army. Astounded, they requested the grace of baptism, and it was administered to them. [The victors] sent to their land [men] illuminated in Christ. Zaboghon himself went along with them, and converted the Frankish people to Christianity. Going to the king, [Zaboghon] received numerous gifts from him and then went to Jerusalem to revere the holy places. There he discovered two orphans who had come from Klastrat following the death of their Christian parents. One was Yubnaz; his sister was Susan, who served the Bethlehemite Niop'or. Zaboghon married Susan and went to the city of Klastrat. I am their daughter. When I was 12 years old, they went to Jerusalem, and my father went to a retreat, entrusting me to God and to the grace of Christ, so that I be dedicated as a virgin to the Heavenly Bridegroom. I entered the home of Niap'or, an Armenian man from the city of Dwin, and served him for two years. Daily I learned about the dispensation of Christ our God, about how He was martyred and regarding where the winding-sheets of our Lord were.

«Եւ ուսուցին զիս եթէ գրեալքն ի մարգարէս լցան ի Տէրն, եւ խաչեցաւ եւ յարեաւ, եւ ել յերկինս եւ գալոց է: Եւ զպատանսն կինն Պիղատոսի խնդրեաց, եւ հաւատաց ի Քրիստոս, եւ չոգաւ ի Պոնտոս ի տուն իւր. եւ զկնի ժամանակաց անկաւ ի Ղուկաս աւետարանիչ, եւ նա գիտէ զինչ արար: Եւ վարշամակն, ասեն, Պետրոս տարաւ ընդ իւր, եւ փորանկեալ պատմուճանն եհաս ծմակային երկրին, եւ կայ ի քաղաքն Մցխեթոյ. եւ խառն Տեառն յԵրուսաղէմ թաղեալ կայ, եւ յայտնի՝ յորժամ կամի: Եւ իմ լուեալ զայս ամենայն՝ գնացի առ Պատրիարքն, եւ օրհնեաց զիս: Եւ չոգայ ի Հռոմ, թերեւս գտից ինչ անդ մասն ի շնորհացն Քրիստոսի. եւ զերեսս իմ հաստատեալ ի յոյսն կենդանի՝ գտի զվանսն Պօղոսի, յորում բնակէին կուսանք անձինք երեքարիւր: Եւ յարեաւ անդ ի մեր վերայ փորձանք, եւ եկաք ի Հայս: Եւ յղեաց կայսրն թուղթ առ Տրդատ. եւ արարեալ խնդիր, գտին զմեզ ի հնձանս այգեաց: Եւ ջանս եդեալ թագաւորն՝ ոչ կարաց հարսնացուցանել ինքեան զհարսն Քրիստոսի Հռիփսիմէ. եւ սուր եդեալ կոտորեաց ի մէնջ երեսուն եւ եօթն ոգիս. եւ այլքն ցրուեցան: Ես մնացի եւ ի ներքոյ վարդենեաց՝ որ ոչ էր ծաղկեալ. եւ ամբարձեալ զաչս ի վեր՝ տեսի զհոգիս սրբոցն, զի գնային ընդ երկինս: Եւ զօրապետ մի էր կրօնաւոր, զօրօք հրեղինօք գայր ընդ առաջ, ունելով բուրվառ ի ձեռին իւրում. եւ ի բուրմանէ խնկոցն լցան տիեզերք. եւ խնկարկեալ սրբոցն՝ դառնայր նոքօք անդրէն, եւ մտանէին ի ներքին կողմ վարագուրին:

"And they taught me that what had been written in prophecies had been fulfilled in the Lord—that He was crucified, resurrected, had ascended to Heaven, and would come again. Pilate's wife had requested the grave shroud and believed in Christ. She went to her home in Pontus. After some time it fell to the evangelist Luke, who knew what she had done. They say that Peter had taken with him the veil, and that the cloak [of Christ] had reached the Tsmakayin country and was in the city of Mts'xet'a; and that the Cross of the Lord lay buried at Jerusalem and would become manifest when It chose. I heard all this and went to the Patriarch, and he blessed me. Then I went to Rome, that perchance I would find there a portion of Christ's grace. With my sight fixed on the Living Hope, I found the monastery of Paul wherein three hundred virgins were dwelling. Temptations were visited upon us there, and we came to Armenia. But the emperor wrote a letter to Trdat who sought after and found us by the wine-presses of the vineyards. Despite the king's efforts, he was unable to wed the bride of Christ, Hrip'sime. He killed 37 of us by sword. The others were dispersed. I remained under a rose bush which had not blossomed. Raising my eyes, I saw the souls of the saints moving through the sky. A clerical commander with a fiery army came before them, having a censer in his hand. Censing at the saints, he turned thence with them and they passed behind a curtain.

«Եւ իմ աղաղակեալ առ Տէր, ասեմ. Ընդէ՞ր թողեր զիս աստէն, տէր իմ Յիսուս: Եւ ասացաւ առ իս. Մի՛ երկնչիր, զի ընդ նոյն ելանելոց ես առ քորսն քո. այլ արի գնա դու ի կողմն հիւսիսի, ուր հունձք բազում են եւ մշակ ոչ գոյ. եւ զկնի սուղ ժամանակին թուփդ այդ փշալի՝ ծաղկեալ փրթ-թի վարդիւք: Եւ իմ յարուցեալ եկի յՈւրբանիս Հայոց, եւ ձմերեալ անդ, եւ ի յունիս ամսեան եկի ի լեառն Ճաւախե-թոյ. եւ ի ծովն Փառնաւայ եկեալ՝ տեսի անդ ձկնորսս ի ծովուն, եւ ահա հովիւս առ եզր ծովուն. եւ լուայ՝ զի երդնը-ւին յԱրամազդն եւ ի Զաղէն. զի տեղեակ էի լեզուին Հայոց, ուսեալ ի տանն Նիոփորայ Դունացւոյ: Եւ հարցեալ զուս-տին՝ ասեն. ի Դարբայ, ի Լրբնայ, ի Սափուրսլոյ, ի Քինծե-րոյ, յՌապատէն Մցխեթոյ. ուր չաստուածք փառաւորին, եւ թագաւորք թագաւորեն. եւ գետս այս որ ելանէ ի ծովէս՝ անդր երթայ: Եւ իմ առանձնացեալ եդի զգլուխ իմ եւ նըն-ջեցի: Եւ տուաւ ինձ գիր մի Հռոմայերէն կնքեալ մատան-եաւ. եւ գիր կնքոյն էր անուն Յիսուսի Քրիստոսի: Եւ ասէ ցիս այրն՝ որ ետ ցիս զթուղթն. Արի՛ գնա եւ քարոզեա՝ զոր ինչ գրեալ է այդր: Եւ ասեմ ցնա. Ո՞վ եմ ես, կին մի անգրա-գէտ եւ տկար: Եւ ասէ ցիս. Ի շնորհս քրիստոնէութեան եւ յաշխարհն կենաց, որ է վերինն Երուսաղէմ, ոչ է անդ արու եւ էգ. եւ տկարութիւն եւ տգիտութիւն ոչ ասի, քան-զի Քրիստոս Աստուծոյ զօրութիւն եւ Աստուծոյ իմաստու-թիւն է. եւ Մարիամ Մագդաղենացին քարոզեաց զյարու-թիւնն Քրիստոսի՝ Առաքելոցն եւ այլոց բազմաց, եւ ոչ եղեւ ամօթ ինչ ասողին եւ կամ լսողացն:

"Then I protested to the Lord, saying: 'Jesus my Lord, why did you leave me here?' Then [a voice] said to me: 'Fear not, for you too shall ascend to your sisters. But now go to the northern region, where the harvest is abundant, but where there is no cultivator.' In this short time, that thorny bush had blossomed with flowering roses. Arising, I went to Armenian Urbanis, wintered there, and in the month of June I came to the mountain of Chawaxet'. I came to lake P'arwana where I saw fishermen fishing, and shepherds by the shore. And I heard them swearing by Aramazd and Zade—for I knew the Armenian language, having studied it at the home of Niop'or Dwinets'i. Asking them where they were from, they replied: 'From Darb, Lrbin, Sap'ursl, K'intser, Rhapat of Mts'xet'a where the false gods are glorified and where the kings rule. The river which flows from this lake goes there.' Isolating myself, I lay my head down and slept. I had been given a document in Latin, sealed with a ring, and the writing on the seal was in the name of Jesus Christ. The man who had given me the letter said: 'Arise, go and preach what is written here.' But I said to him: 'Who am I, but an ignorant, weak woman?' He replied: 'In the grace of Christianity and in the Land of Life, which is Heavenly Jerusalem, there is neither male no female. Speak not of weakness and ignorance, for Christ is the might of God, and the wisdom of God. Furthermore, Mary Magdalen preached the resurrection of Christ to the Apostles and to many others, yet there was no shame either for the speaker or for the listeners.'

CHAPTER VIII

«Եւ բացեալ զգիրն՝ էր անդ կարճառօտ գրեալ զամենայն զօրութիւն աւետարանին, ի տասն բան բովանդակեալ: Եւ իմ ընթերցեալ եւ իմաստնացեալ՝ զարթեայ. եւ խնդրեալ ի Տեառնէ, եկի զկնի գետոյն յարեւմտից կուսէ, մինչ դարձաւ ջուրն ընդ արեւելս. եւ հասի յՈւրբնիս, եւ եղէ անդր ամիս մի. եւ զկնի վաճառականաց եկի ի Մցխեթա: Եւ յաւուր տօնի Արամազդայ՝ զկնի թագաւորին եւ ամենայն ժողովրդեանն. եւ տեսի անդ այր մի՝ պղնձի զրահ եւ սաղաւարտ զգեցեալ ոսկի, երկու ակամբք զմրխտիւք եւ միով բիւրղիւ զարդարեալ, սուսեր ի ձեռին իւր ունելով որպէս փայլակն, եւ շարժէր զնա՝ ահ առնելով ժողովրդեանն: Եւ նոքա սարսէին եւ ասէին. Վա՜յ մեզ, թէ սխալեցաք ի զոհն կամ մեղաք բանիւ ընդ Հրէի կամ ընդ մոգուց, եւ մեռանելոց եմք յԱրամազդայ: Եւ կայր ընդ աջմէ նորա պատկեր ոսկի՝ անուանեալն Գացայ, եւ ի ձախմէ նորա պատկերն արծաթի՝ կոչեցեալն Գայիմ: Եւ յիշեցի զբանն Յուբնաղայ պատրիարքին Երուսաղեմի, որ ասաց ցիս, եթէ հասանելոց եւ ի յերկիր պատերազմողաց ճշմարտին Աստուծոյ. եւ յոգւոց ելեալ լացի, եւ հայցեցի յԱստուծոյ ողորմութիւն ի վերայ մոլորելոցն, եւ ասացի. Աստուած հօր եւ մօր իմոյ, սաստեա դիւացեալ պատկերացս այսոցիկ, եւ կորո զսոսա, զի ծանիցեն զքեզ միայն ճշմարիտդ Աստուած: Եւ եղեւ յանկարծակի հողմն սաստիկ եւ բարբառ որոտման եւ արկուածք շանթից եւ կարկուտ ի կշիռս լտեր, եւ հոտ գարշ եւ զազիր եւ խաւար թանձրամած, եւ արար աներեւոյթ զպատկերսն. եւ ցրուեցան ամբոխն, եւ մտին ի թագուստ:

"Opening the document, I found there concisely written the entire power of the Gospel, comprised in ten statements. When I read this and learned from it, I awoke. As requested by the Lord I came, following the river from the west until the water turned eastward. I reached Urbnis and remained there for a month. Then, following some merchants, I came to Mts'xet'a. On the day of the festival of Aramazd, [I followed] the king and the entire public. There I saw a man, in copper armor, wearing a gold helmet adorned with two emeralds and one crystal. In his hand he held a sword like lightning. He moved, terrifying the people who trembled and said: 'Woe to us, for we erred in sacrificing, or sinned by deed with the Jews or mages, and Aramazd will kill us.' To the right [of Aramazd] was a golden image named Gats'a, to his left, a silver image named Gayim. Then I recalled what Yubnagh, the patriarch of Jerusalem had said to me: 'You shall reach the country of warriors against the true God.' Distraught, I wept and beseeched God for mercy on those gone astray, and I said: 'God of my father and mother, silence these diabolical images and destroy them so that they recognize you as the sole true God.' Suddenly a very strong wind arose, there was the rumbling of thunder, a storm of lightning, hail stones weighing a lter each, a foul, loathsome odor, a heavy darkness, and the images became undiscernible. The crowd scattered and hid.

«Եւ յաւուրն երկրորդի ելեալ արտաքս թագաւորն եւ ամենայն ժողովուրդն, խնդրէին զպատճառս իրացն գըտանել: Յայնժամ ասէին ոմանք. Քաղդէացւոց աստուածն Թրուջան եւ մերն Արամազ թշնամիք են ի սկզբանէ. եւ երբեմն մեր աստուածն կորոյս զնա ջրով, եւ արդ նա էառ զվրէժն: Եւ կէսք ճշմարիտն ասէին, թէ Մեծ Աստուածն՝ որ եհար զթագաւորն Հայոց, եւ դարձեալ բժշկեաց Հայաստանօք հանդերձ, նա արար զքանչելիս զայս: Եւ եմ գտեալ զակն բիւրեղ՝ եկի առ ծառովն Բանչի, զոր ասեն Հովանի Բարտոմայ արքայի, եւ աղօթեցի անդ զվեց օր: Եւ ի յաւուր մեծի Գունափոխութեան Տեառն, յորժամ եցոյց Տէրն զպատկերն Հօր՝ գլխաւորաց Առաքելոց եւ մարգարէիցն, եկն առ իս աղախին մի արքունի՝ Շուշան անուն, եւ տեսեալ զիս՝ զարմացաւ. եւ ածեալ թարգման հռոմայերէն՝ եհարց զիս, գթալով ի վերայ իմ որպէս յօտարի. եւ կամեցաւ տանել զիս յարքունիս: Եւ ես ոչ գնացի ընդ նմա. այլ գնացեալ անտի գտի կին մի Անաստու կոչեցեալ, որ էր ամուսին առն՝ որ պահէր զբուրաստանն արքունի, եւ ընկալաւ զիս խնդութեամբ. եւ եղէ ի տան նոցա զինն ամիս: Եւ ոչ գոյր նոցա զաւակ, եւ վասն այնորիկ էին, ի մեծի տրտմութեան: Եւ այր մի լուսաւոր ասէ ցիս. Մո՛ւտ ի բուրաստանդ, եւ յարմատոյ շոճի թփոյն առ վարդենեօքն՝ առցես հող, եւ տացես դոցա ուտել յանուն Տեառն, եւ տացի դոցա զաւակ: Եւ արարի այնպէս. եւ ետու նոցա յանուն Յիսուսի Քրիստոսի Աստուծոյն Սաբայովթայ, որ եկն խոնարհութեամբ, եւ գալոց է փառօք իւրովք դատել զաշխարհս ըստ արժանեաց: Եւ նոցա լուեալ հաւատացին ի Քրիստոս, եւ առին զխոստացեալ զմանուկն:

"The next day the king and all the people went forth seeking to discover the cause of these events. Then some said: 'T'rujan the Chaldean god and our Aramazd have been enemies from the beginning. Once our god ruined [T'rujan] with water, and now he is taking revenge.' But others spoke the truth, saying: 'God the Great Who struck the king of Armenia and then cured him again together with all Armenia, worked this miracle.' I found the crystal gem and went to the Banch'i tree which they call the Shielder of king Bartom, and for six days I prayed there. On the day of the great Transfiguration of the Lord, when the Lord displayed the image of the Father to the principal Apostles and prophets, a maid-servant of the king, named Shushan, came to me and seeing me was astonished. Bringing a Latin translator, [she] questioned me, taking pity on me as a foreigner. She wanted to take me to court. But I did not go with her. Instead, I went thence and found a woman named Anastu, the wife of the man who tended the royal garden; and she received me with delight. I was at their home for nine months. It happened that they had no child, and were therefore very sad. Then a luminous man said to me: 'Enter the garden, take soil from the base of the fir bush by the roses, give it to them to eat in the name of the Lord, and I shall give them a child.' I did so, and gave them [the soil] in the name of Jesus Christ God of Sabayovt', Who came in humility and shall come in His glory and judge the world equitably. Hearing this, they believed in Christ and received the promised child.

«Եւ իմ ելեալ ի տանէ նոցա, եւ արտաքոյ պարսպին ի պրակս մոշեննեաց արարի ինձ դաղարս. եւ անդ կացի ամս երիս. խաչ մի ձեւացուցեալ՝ երկրպագէի առաջի նորա սրբոյ Երրորդութեանն ի տուէ եւ ի գիշերի: Եւ օր ըստ օրէ գը-նայի առ Հրեայսն՝ սակս լեզուոյն, եւ ի տեղեկութիւն՝ Տե-առն պատմուճանին: Եւ քահանայն Աբիաթար, եւ դուստր իւր Սիդոնա հաւատացին ի գալուստն Քրիստոսի, եւ վեց կին հրեայ ընդ նոսա. եւ հարցեալ ուսցիս յԱբիաթարայ զճշմարտութիւնն:»

Եւ զայս ամենայն լուեալ իմաստուն թագուհին՝ զար-մանայր եւ հաւատայր ասացելոցն: Եւ յորժամ լուաւ զմեծ սքանչելիսն, որ եղեւ առ հայրն իւր Տրդատիոս, առաւել եւս հաստատէր ի հաւատս, եւ փառաւորէր զԱստուած յան-պատում փառս իւր:

"I left their home and dwelled for three months outside the wall in a tamarisk grove. Having fashioned a cross, I worshipped the Holy Trinity before it, day and night. Day after day I went to the Jews because of the language, and for information about the Lord's robe. The priest Abiathar and his daughter Sidonia and six Jewish women additionally believed in the [second] coming of Christ. Asking Abiathar, they learned the truth."

Now when the wise queen heard all of this, she was astounded and believed what she had heard. When she learned about the great miracle which had happened to her father Trdatios, she became yet more confirmed in the faith, and glorified God in His ineffable glory.

Թ

Իսկ քահանայն Աբիաթար պատմեաց ի լուր ամենեցուն՝ զայս ձեւ օրինակի բանի, եթէ

«Յամին յորում եկն սուրբն Նունի ի Մցխիթա՝ քահանայ էի ես վիճակաւ ազգին իմոյ. եւ բերաւ առ իս գիր յԱնտիոքայ ի Հրէից անտի՝ որ անդ կային, եթէ թագաւորութիւնս հերձաւ ընդ երիս, եւ իշխեն մեզ Հոռոմք եւ Յոյնք եւ Հայք. եւ լռեցին մարգարէքն մեր, եւ քանդեցաւ տաճարն մեր: Եւ զայս գիտեմք ի գրոց, զի յորժամ մեղանչէին հարքն մեր, Աստուած բարկանայր, եւ տայր զնոսա ի գերութիւն. եւ յորժամ զփորձն տեսեալ զղջանային, եւ կարդային առ Տէր աղօթիւք՝ հաշտէր Աստուած, եւ առնէր նոցա դարձ եւ ողորմութիւն. եւ եօթն անգամ եղեւ այս յաւուրսն առաջինս: Իսկ յորմէհետէ խաչեցին հարքն մեր զորդին աղքատ կընոջն տառապելոյ՝ զանուանեալն Քրիստոս, այս երեքհարիւր ամք են՝ զի բարկութիւն Տեառն յաճախէ ի մեզ եւ աղաղակեմք առ նա զցայգ եւ զցերեկ, եւ ոչ տայ մեզ պատասխանի, ոչ հաշտի ընդ մեզ: Ուստի իմանալ արժան է եթէ նա է Որդին Աստուծոյ, նկատեալն յօրինաց եւ ի մարգարէից: Եւ դու տե՛ս եւ քննեա իմաստութեամբ քո ի ծանօթութենէ գրոց՝ եթէ որպէ՛ս կատարեցան ամենայն գրեալքն, եւ յերկնից էր մարդն այն ստուգապէս:

IX

The priest Abiathar gave an account something like the following in everyone's presence:

"In the year when blessed Nino came to Mts'xet'a, I was a priest with the diocese of my people. A document was brought to me from the Jews of Antioch saying: 'Our kingdom has been split into three parts—the Romans, Greeks, and Armenians rule us. Our prophets became silent and our temple was demolished. We know from Scripture that when our fathers sinned, God grew angry and gave them into captivity. But when, having experienced tribulation, they repented and prayed to the Lord, God was reconciled, returned them, and had pity on them. This happened seven times in times past. However, after our fathers crucified the son of a poor miserable woman, named Christ, it has been three hundred years that the anger of the Lord has been visited upon us. We cry out to Him day and night, but He neither answers us nor is reconciled with us. Consequently, it is worth finding out if He is the Son of God described by the laws and the prophets. With your wisdom derived from familiarity with Scripture, look and examine whether all that had been writen came to pass, and whether that man was actually from Heaven.'

«Իսկ ես ի տրտմութեան մեծի եղեալ զբազում աւուրս, եւ ապա խնդրեալ գիրս՝ գտի զժամանակն նշանակեալ ի Դանիէլէ՝ ի գլուխ ելեալ առ Օգոստոսի կայսերբն Հռոմայեցւոց: Եւ մինչ յայսոսիկ էի ես՝ տեսի զսուրբն Նունի, եւ տեղեկացեալ լուայ ի բերանոյ նորա զբանս գրոց մերոց մարգարէից, եւ զորպիսութիւն տնօրէնութեան նորա կարգաւ, զամենայն՝ ի ծննդենէն մինչեւ ցհամբառնալն յերկինս. եւ հաւատացի ստուգութեամբ՝ եթէ նա էր յոյսն հեթանոսաց եւ փրկութիւն ժողովրդեան իմում Իսրայէլի: Եւ ահա եղաք արժանի ես եւ զաւակս իմ ջրոյ Նիեբազոյ՝ որ է Բեթղաէմի, որում ցանկացեալ Դաւթի, եւ ոչ եհաս. եւ յիշեաց զմեզ Տէր ընդ հաճոյս ժողովրդեան իւրոյ, եւ այց արար մեզ ի փրկութեան իւրում, եւ բնակեցաք մեք ի տան Տեառն, զի յաւիտենից օրհնեսցուք զՏէր, քանզի զմեզ երանեաց սուրբն Դաւիթ. եւ տացէ ինձ Աստուած եւ ա՛յլ սքանչելիս եւ բարութիւնս տեսանել ի քաղաքիս ի ձեռն սրբուհւոյն Նունեայ:»

Եւ զուարճացեալ լսողացն՝ ասեն զԱբիաթար. Զոր ինչ գիտես յաղագս այդորիկ՝ պատմեա մեզ:

Եւ ասէ ցնոսա.

«Լուաք մեք ի հարցն մերոց, զոր պատմեալ էին հարքն նոցա, եթէ յաւուրս Հերովդի արքայի՝ եկն համբաւ առ Հրէայսն Մցխիթոյ, եթէ թագաւորք ի Պարսից եկեալ առին զԵրուսաղէմ, եւ քահանայքն Բուդայոյ եւ Կորի, Ծղարացիքն դպիրք, եւ Կանանացիք թարգմանիչք դիմեցին փախստեամբ յարեւելս, եւ ի սուգ մտին ամենայն Հրեայք:

"Now I was in great sadness for many days. Then, looking in Scripture, I found the time designated, commencing with Daniel and concluding with Augustus, emperor of the Romans. While I was so doing, I saw the blessed Nino and was informed by her of the words of Scripture of our prophets and the nature of His dispensation in order, everything from His birth to His ascension to Heaven. And I believed genuinely that He was the hope of the pagans and the salvation of my people of Israel. Then lo, my son and I became worthy of the water of Niebaz which is Bethlehem, which David had desired but had not achieved. The Lord rememberd us in pleasure with His people and He visited us in His salvation, and we dwelled in the house of the Lord, so that we bless the Lord for all eternity, for blessed David made us joyous. God made me see other wonders and good things in this city, under the direction of the blessed Nino."

The listeners were delighted and said to Abiathar: "Tell us what you know about this matter."

He replied to them:

"We heard from our fathers who had heard from their fathers that in the days of king Herod, news came to the Jews of Mts'xet'a that the kings of Iran had come and taken Jerusalem and that the priests of Bodbe and Kodi and the Tsgharats'i scribes and the Canaanite translators had fled to the East. All the Jews mourned.

«Որ եւ զկնի սակաւուց ինչեաց լուր աւետեաց եթէ Պարսիկքն՝ որ յԵրուսաղէմ, ոչ եկին ի պատերազմ, այլ յերկրպագութիւն Կուսորդւոյ միոյ՝ ծնելոյ ի զաւակէ Դաւթի, առաջնորդ ունելով ի յերկնից՝ աստղ բանական եւ իմաստուն. զոր գտեալ յանապատի՝ փառաւորեցին զնա իբրեւ զԱստուած. զի փոխանակ զինուց պատարագս ունէին ընդ ինքեանս, ոսկի արքունական եւ զմուռ բժշկութեան եւ կնդրուկ նուէր Աստուծոյ. եւ զայսոսիկ մատուցեալ մանկանն՝ գնացին: Եւ լուեալ զբանն՝ ազգին Հրէից՝ խնդացին յուրախութիւն մեծ: Եւ զկնի ամաց երեսնից եկն գիր յԵրուսաղեմէ, յԱննայէ քահանայէ՝ առ հայր մօրն իմոյ՝ յԵլիոս, եթէ ընծայեալն ի մոգուց մանուկն Յիսուս՝ այր եղեալ՝ ասէ զանձն Որդի Աստուծոյ. եկայք, որ կարողքդ էք, զի կատարեսցուք առ նա զօրէնսն Մովսիսի՝ սպանանելով զնա: Եւ չնգաւ Ելիոս քահանայն՝ հմուտ օրինացն, ի ցեղէն Եղիազարու, յազգէ տանն Հեղեայ. եւ ունէր նա մայր ի նոյն ազգէ, որ պատուիրեաց նմա եւ ասէ. Մի՛ հաղորդիր, որդեակ, խորհրդոց Հրէիցն. քանզի պատգամն մարգարէից եւ առակ օրինաց, եւ բանն Աստուծոյ կենդանւոյ: Գնաց ընդ նմա եւ Ղունկիանոս Կարսնացի. եւ երթեալ՝ դիպեցան աւուրն խաչելութեան: Եւ իբրեւ պաասանիկն պնդեաց զբեւեռսն, զմայր Իլիոսի ընդոստոյց մասն մարգարէութեան՝ որ ի նմա, եւ ասաց. ի խաղաղութիւն հեթանոսաց՝ թագաւորդ Իսրայելի, Փրկիչ աշխարհի. եւ երիցս, վա՛յ ձեզ՝ սպանողք արարչին ձերոյ. այլ խնայեա ի մեզ, տէր Աստուած մեր: Եւ հանգեաւ՝ ի Քրիստոս հաւատացեալ նոյն ժամայն:

"However, after a short while glad tidings were heard that the Iranians had come to Jerusalem not in war but to adore the Son of a Virgin born of the son of David. They had as a guide a sentient and wise star of Heaven. When they found [Jesus] in the desert, they glorified Him as God. Amongst themselves, instead of weapons, they had as gifts royal gold, healing myrrh and frankincense, as gifts for God. Having offered these things to the child, they departed. When the Jewish people heard this they rejoiced with great happiness. Thirty years later a letter came from Jerusalem, from the priest Annas to my mother's father Elioz [stating] that the child Jesus who had received gifts from the mages, having grown to manhood, claimed that he was the Son of God. Come, those of you who are able, so that we may implement the laws of Moses regarding him, and kill him. Elioz the priest from the house of Heghi, from the clan of Eghiazar, sagacious in the laws, went there. He had a mother from the same line who entreated him, saying: 'My son, do not partake of the Jews' counsel, for [Jesus is] the message of the prophets, the proverb of the laws, and the word of the living God.' Along with [Elioz] went Ghunkianos of Karsani. They arrived on the day of crucifixion. And as they were nailing [Jesus] to the Cross, the mother of Elioz started and cried out in prophecy: 'Thrice woe to you, killers of your creator, for the peace of pagans, killers of your king of Israel, Savior of the world. Spare us, God our Lord.' At that same moment she expired.

«Իսկ փորանկեալ պատմուճանն վիճակաւ հասեալ ե-ղեւ Մցխիթայ Հրէիցս. եւ առեալ Իլիոս՝ եբեր զնա ի տուն իւր: Եւ ընդ առաջ երթեալ քոյր նորա՝ առեալ համբուրէր, եւ դնէր ի վերայ լանջացն, եւ աւանդէր զհոգին՝ Քրիստոսի, երիս ունելով պատճառ, զմահ Տեառն, եւ զմօրն մահն, եւ զեղբօրն միաբանիլն ընդ Հրեայսն: Եւ Ադրիկ էր թագաւոր Վրաց, լուեալ սքանչացաւ, բայց ոչ կամեցաւ առ ինքն ունել զպատմուճան մեռելոյն. եւ պահեցին զնա ի ներքոյ նոճի ծառոյն՝ որ բերեալ էր զտունկ նորա ի Լիբանանէ: Եւ ահա տունն Իլիոսի, որ կայ յարեւմտից Մոգթայ կամրջին:

Իբրեւ լսէին զայս ամենայն Հրեայքն՝ ամաչէին յան-ձինս իւրեանց, եւ խորհեցան քարկոծել զնա. քանզի կորո-վի իմաստութեամբն իւրով ի Հին Կտակարանաց անտի ճշմարտէր զաստուածութիւնն Քրիստոսի՝ ընդ Հօր եւ ընդ Հոգւոյն փառաւորել: Եւ լուեալ թագաւորին զաղմուկ Հրէ-իցն՝ սաստեաց նոցա. եւ հրամայեաց մի՛ արգելուլ զքարո-զութիւնն զայն յաշխարհէն իւրմէ. քանզի լուեալ էր զհրա-շսն՝ որ եղեւ ի Հայս եւ ի Հռոմս:

"Now by lot the cloak [of Jesus] fell to the Jews of Mts'xet'a. Taking it, Elioz brought it to his home. He took it before his sister who kissed [the robe], placed it on her breast, and died in Christ. This was caused by three factors: the death of the Lord, the death of her mother, and the brother's complicity with the Jews. Now when Aderk[31] who was the king of Iberia heard about this, he marvelled. Yet he did not want to keep the dead man's robe himself. They buried it under a cypress tree, which had been brought as a plant from Lebanon. And behold, it was [near] the home of Elioz, west of the Mogt'a bridge.

When the Jews heard all of this they were ashamed of themselves and planned to slay [Elioz] by lapidation, since by reason of his deep knowledge of the Old Testament he had verified the divinity of Christ, glorifying [Him] with the Father and the Spirit. When the king heard the Jews' clamor, he rebuked them and commanded that this [Christian] preaching not be impeded in his land, for he had heard about the miracles which had occurred in Armenia and Rome."

---

31 *Aderk:* Pharasmanes I, A.D. 1-58.

Ժ

Յայնժամ սուրբն Նունի համարձակէր հաւատացեալ աշակերտօքն՝ տարածանել զհաւատսն Քրիստոսի պէսպէս նըշանօք, զոր առնէր նկարեալ խաչիւն: Եւ տեսանէր երիցս անգամ ի նիրհելն իւրում ի վերայ ծնկացն՝ զի երամք սեւաթոյր թռչնոց իջեալ ի գետ անդր՝ ելանէին սպիտակացեալ ի բուրաստանն, եւ արածէին ի ծաղիկս նորա. եւ սակաւ ինչ առեալ անտի՝ տային տեառն ծաղկոցին: Եւ պատմեաց դստերն Աբիթարայ՝ զտեսիլն. եւ նա ասէ. Եկդ եւ պանդուխտդ՝ ժառանգեցուցիչ դրախտին եւ ծառոյն կենաց. այդ աւետիքն է հարցն մերոց, եւ գործ երկնաւոր մարդոյն Յիսուսի եւ անմեղ արեան նորա: Այլ դու, Երուսաղէմ, Երուսաղէմ, սփռեա զթեւդ քո, եւ հաւաքեա զվիճակեալս երկնաւորին, ընդ որ եւ զմեզ ժողովեսցես ի ձեռն սրբուհւոյս այսորիկ, որ առնէ զտեղիս զայս դրախտ փափկութեան: Իսկ սուրբն Նունի յաւելոյր ի ճգնութիւն եւ յաղօթս հանապազորդ. եւ զարմանային ընդ ժուժկալութիւն նորա հեթանոսքն:

Յաւուրսն յայնոսիկ կին ոմն շրջեցուցանէր զմանուկ ախտացեալ անբժշկելի ցաւօք, թերեւս թէ գտցէ զոք ապրեցուցիչ տղայոյն՝ հնարիւք դեղոց. եւ էր ինքն չարաբարոյ եւ հայհոյիչ Քրիստոսի, եւ զբազումս արգելոյր ի քարոզութենէ Նունեայ: Բայց յորժամ թափեցաւ յամենայն հնարից, տարաւ ընկէց զմանուկն առաջի սրբոյն Նունեայ:

Եւ ասէ սուրբն. Բժշկութիւն մարդկային եւ ոչ ունիմ, բայց զՔրիստոսն իմ՝ զարարիչն երեւելեաց եւ աներեւութից:

X

Then saint Nino together with her believing disciples dared to propagate the faith of Christ by various signs which she effected through the drawn cross. Sleeping kneeling on her knees, she saw this same vision three times: a flock of black-colored birds descended into the river and emerged white. They went to the garden and grazed on its flowers. Taking a little thence, they gave it to the lord of the garden. [Nino] related this vision to Abiathar's daughter, and she said: "You who came as an exile are made an heir of paradise and of the tree of life. That is the glad tidings of our fathers, and the work of the heavenly man Jesus and of his innocent blood. But you Jerusalem, Jerusalem, spread your wing and gather up those whose lot is heavenly, among whom we too are gathered by this woman saint who makes this place [resemble] a paradise of ease." Now saint Nino grew in asceticism and constant prayer. The pagans were amazed at her constancy.

In those days a certain woman went around with a sick child [suffering from] incurable pains, in the hopes that she might find someone who could save the boy with drugs. She herself was ill-disposed toward, and a curser of, Christ and had prevented many [from attending] Nino's preaching. But when all else failed, she took her son and laid him down before saint Nino.

The blessed [Nino] said to her: "I do not have [the ability] to cure humanity, although my Christ, creator of the visible and invisible [does have this power]."

Եւ եղեալ զտղայն ի մահիճս իւր՝ խաչակնքեաց ասելով. «Աստուած իմ Յիսուս, թագաւոր յաւիտենից, բժշկեա զմանուկս զայս յանուն զօրութեան քո, զի գիտասցեն հեթանոսք, եթէ դու ես կեցուցիչ ազգի մարդկան, որ քո իսկ են արարածք, եւ քեզ իսկ պարտին երկրպագութիւն եւ պատիւ եւ փառք յաւիտեանս, ամէն:»

Եւ զայս ասացեալ՝ ետ զմանուկն բժշկեալ եւ գեղեցկացեալ եւ լի զուարթութեամբ՝ զկինն:

Եւ նորա ասացեալ՝ եթէ «Ոչ գոյ ա՛յլ Աստուած, բայց ի քէն Քրիստոս, տէր եւ իշխան կենաց եւ մահու.»

Գնաց խնդութեամբ, եւ պատմեաց ամենեցունց. եւ դարձաւ առ Նունի, եւ ոչ մեկնէր ի նմանէ:

Յաւուրսն յայնոսիկ անկաւ թագուհին Նանա յախտս անբժշկելի, եւ զպարտութիւն խոստովանեցան ամենայն ճարտարքն յարուեստ բժշկութեան, եթէ անհնար է ցաւդ այդ բժշկել ի մարդկանէ: Եւ պատմեցին վասն Նունեայ՝ թագուհւոյն. եւ առաքեաց ածել զնա առ իւր: Եւ չոգան գըտին զնա յաղօթս ի մացառս պուրակին մօշենեաց առաջի խաչին. եւ պատմեցին նմա զբանս տիկնոջս.

Եւ ասէ ցնոսա. Յայսմ ժամու ես ոչ իջուցանեմ զսիրտ ի Տեառնէ իմմէ. եթէ կամի նա՝ առ մեզ եկեսցէ:

Եւ լուեալ զբանն տիկնոջն, ասէ. Բարձէ՛ք եւ տարայք զիս առ նա:

Գնացին զհետ նորա յոյժ բազմութիւն արանց եւ կանանց. եւ տարեալ եդին զնա ի մահիճսն Նունեայ. եւ նորա աղօթեալ յերկար՝ եդ զխաչն ի վերայ նորա չորեքկուսի, եւ նոյնժամայն նստաւ ողջացեալ: Եւ յարուցեալ ի տեղւոջէն՝ գնաց ի տուն իւր, փառաւորելով զՔրիստոս Աստուած, ամենայն բազմութեամբն հանդերձ: Եւ յայնմհետէ աշակերտեալ ճշմարտութեանն՝ ուսանէր զօրէնսն Քրիստոսի ի սրբոյն Նունեայ եւ յԱբիաթար քահանայէն, որ եւ Պօղոսն կոչեցաւ ի հաւատալն:

Placing the boy on her bed, she made the sign of the cross and said: "Jesus, my God, King of eternity, heal this lad in the name of Your might, so that the pagans know that You are the sustainer of humankind which is Your flock, and that You are due worship, honor, and glory forever, amen."

Having said this, she returned to the woman her lad—healed, beautified, and full of joy.

And [the woman] said: "There is no other God besides your Christ, Lord and Prince of life and death."

She departed in delight and told everyone what had happened. Then she returned to Nino and did not leave her side.

In those days queen Nana was afflicted with an incurable illness. All those skilled in the art of healing admitted defeat, saying that no one could cure that ailment. They told the queen about Nino and she sent to have her brought. They went and found [Nino] praying in the thicket of a tamarisk grove, in front of a cross. They related to her their mistress' words.

But [Nino] said to them: 'At this hour I shall not withdraw my heart from my Lord. But should she wish, let her come to us.'

When the queen heard this she said: "Raise me up and take me to her."

A great multitude of men and women went with her. They took and placed her on Nino's bed. [Nino] prayed for a long while, and placed the cross on four sides of her, and immediately she sat up, cured. Arising from her place, [the queen] went to her home, glorifying Christ God, together with the entire multitude. Thereafter she studied the truth, learning the precepts of Christ from saint Nino and from the priest Abiathar, who was called Paul in the faith.

Եւ թագաւորն Միհրան զարմացեալ լինէր, եւ հարցանէր զՊօղոս՝ եթէ ո՞րպէս եղեւ Աստուած մարդ, եւ զի՛նչ են ուսմունքդ այդ եւ անուն քրիստոնէութեան: Եւ նա պատմէր նմա ըստ կարի զամենայնն կարգաւ: Եւ Միհրան ունէր գիրք մի, որ պատմէր յաղագս ազգին Նեբրովթայ եւ շինութեան Քաղենեայ. եւ ետ բերել զայն առաջի իւր. եւ ընթերցեալ զայն, եգիտ ի նմա այնպիսի ինչ բան, եթէ Յորժամ սկսան շինել զաշտարակն եւ զքաղաքն Քաղանէ, եկն ձայն ի բարձանց՝ որ ասէր. ես եմ Միքայէլ, իշխան արեւելեան մասինս. թողէ՛ք զոր շինէքդ, զի Աստուած կործանելոց է զդա: Բայց յետին ժամանակս գայ արքայն երկնաւոր, եւ կատարէ որում ցանկացեալ էք. եւ տեսանեն զանարհամարհն՝ արհամարհեալ ի մէջ ժողովրդոց, եւ սէր նորա հալածէ զվայելչութիւն աշխարհի, զի թագաւորք թողուն զթագաւորութիւնս, եւ սիրեն զաղքատութիւնս, եւ ոչ զփառսդ՝ զոր դու խնդրես, ո՛ Նեբրովթ: Եւ ընթերցեալ զայս թագաւորն՝ մտախոհ լինէր եւ հիանայր՝ եթէ զի վկայեն Քրիստոսի ներքին եւ արտաքին գիրք. եւ ոչ կարէր զպաշտօն հայրենի սովորութեանն թողուլ՝ զարեգակն եւ զհուր, եւ զԱրամազ եւ զայլ պատկերս:

Յաւուրսն յայնոսիկ հիւանդացաւ մոգ մի ազգական թագաւորին. եւ ասէ ցուրբն Նունի՝ Միհրան. Դու դուստր ես Արամազդայ եւ կամ զաւակ Զադինայ, որք բերին զքեզ աստ իբրեւ զօտար, եւ շնորհեցին քեզ զարիութիւն բժշկութեան, զի փառաւորես զքեզ. եւ արդ, արա բժշկութիւն ընտանւոյս իմոյ անուամբ նոցա, եւ մի՛ մոլոր հաւատոյն Յունաց պատմող լինիցիս. զի թէպէտ եւ Թրուչան աստուածն Պարսից ամպով եւ կարկտիւ վանեաց եւ տարաւ զնոսա, այլ տեղին կայ հաստատուն, եւ այն պատերազմ սովորութիւն է աշխարհակալաց. այլ եւ հին աստուածք հարցն մերոց կան, Գայիմ եւ Գացիմ, եւ են արեգական ծագողք եւ անձրեւաց տուողք եւ արդեանց երկրի ուսուցիչք:

King Mirian was amazed and asked Paul how it happened that God became man, what those teachings were, and what Christianity meant. And [Paul] related to him, as he was able, everything in order. Mirian had a book which told about the line of Nimrod and the construction of K'asheni. He had this brought before him, and reading it discovered there something to the effect that when they started building the tower and the city of K'agheni, a voice came from On High saying: "I am Mik'ayel, prince of the eastern regions. Cease what you are building, for God will destroy it. But in later times there shall come a heavenly king who shall accomplish what you desire. And they would see [him] scorned among the people [but that] his love would consume the beauty of the world. For kings would leave their kingdoms and love poverty, not the glory which you seek, oh Nimrod."[32] Reading this, the king became lost in thought, astounded that both secular and clerical writings testified to Christ. But he was unable to abandon his patrimonial, customary religion [worship of] the sun, fire, Aramaz and other images.

At this time a mage, a relative of the king, became ill. Mirian said to saint Nino: "You are the daughter of Aramazd or the child of Zade who brought you here as a foreigner and granted you competence in healing, to glorify you. Now heal those of my family [who are sick] and do not be a spreader of the deviant faith of the Greeks. For, although the Iranian god T'rujan expelled and took them by cloud and hail, it is [or they are] firm elsewhere, and such warfare is the custom of world-governors. Yet we [still] have Gayim and Gats'im and ancient gods of our fathers—they are the ones who make the sun rise, who provide rain, and who make the bounty of the world increase."

---

32 The text is confused here.

CHAPTER X

Պատասխանի ետ սուրբն եւ ասէ. Կին մի գերի եմ ես, ստեղծուած եւ երկրպագու աներեւոյթ եւ անճանօթ աստուածութեանն՝ Հօր եւ Որդւոյ եւ Հոգւոյն Սրբոյ, որ է արարիչ երկնի եւ երկրի. որ վասն բազում ողորմութեան իւրոյ՝ տայ արհամարհողաց իւր կենդանութիւն եւ սնունդ եւ պատիւ, որպէս եւ քեզդ. զի ետ քեզ միտս եւ բան՝ զի գիտասցես զերկնից բարձրութիւնն եւ զաստեղաց գիրս եւ զծովու խորութիւն եւ զերկրի լայնութիւն, եւ սոքօք ճանաչեսցես զկառավարն սոցա եւ զյօրինիչն: Եւ ասեմ քեզ՝ եթէ անհաս մեծութիւնն այն՝ որ զգեցուցանէ զերկիրս ամպօք, եւ որոտայ ձայնիւ օդոց, եւ ի ձեռն մեծի կիտոսին շարժէ զամենայն երկիր, նա իջեալ ի բարձանց ողորմութեամբ, եւ առեալ զմեր բնութիւնս՝ կատարեաց ժամանակս երեսուն եւ երից ամաց. եւ յանմիտ ազգէն անարգեցաւ եւ խաչեցաւ, կամօք եւ ոչ ի հարկէ. եւ երեքօրեայ յարուցեալ՝ վերացաւ յերկինս. եւ քարոզս առաքեաց յաշխարհ՝ հաւատալ յանուն նորա, եւ կեալ աստուածպաշտութեամբ, ի բաց կացեալ ի կռոցն սնոտեաց. զոր եւ ես քեզ աւետարանեմ, զի հաւատասցես եթէ զոր ինչ առնեմ ես՝ անուամբ նորա: Եւ կայ աստ պատմուճան մի նորա ծածկեալ. եւ որպէս ասեն՝ մաշկեակն Եղիայի, տեսողին Աստուծոյ՝ աստ է: Եւ զի յայտնապէս ուսջիք զասացեալս՝ բերէ՛ք առ իս զմոգն Խորասանեան, զթշնամին ճշմարտութեան. եւ ուրասցի զաղանդ իւր, եւ հաւատով դաւանեսցէ՝ զոր ինչ տամ նմա ասել: Եւ իբրեւ ածին առ նա ի դրախտ անդր, ի ներքոյ տնկոյն շոճեաց, դարձոյց զնա յարեւմուտս, եւ ասել ետ երիցս, եթէ Հրաժարեմ ի քէն սատանայ. եւ դարձուցեալ յարեւելս՝ ասել ետ. Անկանիմ առ քեզ սուրբ Երրորդութիւն, եւ դիմեմ ի քեզ խաչեալդ Աստուած: Եւ ելաց Նունի, եւ տեառնագրեաց խաչիւն, եւ ել ի նմանէ ոգին չար իբրեւ զծուխ. եւ ողջացաւ այրն ի դիւէն եւ ի ցաւոցն, եւ հաւատաց ի Քրիստոս ամենայն տամբ իւրով. եւ փառաւորեցին տեսողքն զՀայր եւ զՈրդի եւ զՀոգին սուրբ յաւիտեանս յաւիտենից. ամէն:

The saint replied: "I am a slave woman, a creation and worshipper of the unseen and unknown divinity, of the Father, Son and Holy Spirit, which is the creator of Heaven and earth; which, because of its manifold mercy gives to those who scorn it life, sustenance and honor as it will to you. For it gave you a mind and speech that you know the height of the sky, the position of the stars, the depth of the sea, and the breadth of the land, and that by these things they recognize the governor and fashioner of such things. And I tell you that such an immeasurable greatness which clothes the sky with clouds, with thunderous sounds of the air, and shakes the entire world by the hand of the great Christos, descended from on high with mercy and adopted our nature, and completed [His] lifetime in thirty- three years. He was dishonored and crucified by a thoughtless people—but by [His own] volition, not by necessity. In three days He resurrected and went to Heaven. He dispatched preachers throughout the world to [profess] belief in His name, and to live in piety, and to stay away from the idols of superstition. I tell you this so that you believe that what I do is in His name. Located here is a robe which covered Him. And, so they say, the sheepskin coat of Elia, who saw God, is here too. Now in order for you to accept fully what [I have] said, bring me the Khurasanean mage, the enemy of the truth, and he shall deny his heresy and profess with faith whatever I make him say." As soon as they brought [the mage] to that garden beneath the planted pines, [Nino] turned him to the west and had him say three times: "I renounce thee, Satan," then turning him eastward had him say, "I fall before Thee, holy Trinity and appeal to Thee, Thou crucified God." Nino wept and made the sign of the cross with the cross. Like smoke, the evil spirit departed from [the mage] and that man became healed of the demon and healed of his pains. He believed in Christ with his entire family and those who beheld him glorified the Father and Son and the Holy Spirit, time without end. Amen.

Յետ այսորիկ գնաց թագաւորն յորս ընդ Մուխնարն, յամսեանն յուլիս՝ ի քսանն, յաւուր շաբաթու: Եւ մինչ էին ի ճանապարհին՝ հնչեաց սատանայ ի սիրտ թագաւորին, եւ ասէ ցչորս խորհրդակիցսն իւր. Ընդէ՞ր հեղգացաք մեք ի պաշտելոյ զդիսն՝ յորմէհետէ եկն կախարդդ այդ, եւ քարոզեաց զքրիստոնէութիւն. եւ արդ կորուսցուք զմոլորեալսն ի նմանէ՝ նովաւ հանդերձ, եւ յաճախեսցուք ի պաշտօնն հայրենի: Եւ նոցա լուեալ՝ խնդացին, եւ առաւել եւս յորդորեցին: Առեալ զխորհեալսն, եւ շրջեալ նոցա ընդ Մուխնարայ սահմանն՝ ելին ի լեառն Թխութոյ, զի ի բարձրութենէ անտի տեսցեն զԿազբս եւ զՈւփիլիսցիխէ: Եւ ահա եղեւ ի վերայ մէգ եւ մառախուղ, եւ խաւարեցաւ արեգակն ի միջօրէի, եւ եղեւ գիշեր. եւ անկաւ ի վերայ արհաւիրք, եւ թողեալ զթագաւորն՝ ցրուեցան: Եւ նա ի դողման եղեալ, եւ յուսահատեալ ի կենաց, ասաց.

«Յիսուս Քրիստոս, Աստուած Նունեայ, ստացիր զիս քեզ ի ծառայութիւն, եւ հա՛ն ՝ի դժոխոց զանձն իմ, զի աստուածքն իմ չկարացին ինձ օգնել. եւ հաւատամ զի դու կարող ես, եւ քո է օր եւ գիշեր: Խաչեալդ Տէր, խաչիւ քո կեցո զմեզ. զի կարծեմ ես եթէ ի վերայ ամենեցունց ոչ է խաւարս այս, այլ մեր միայնոյ, որ զկնի լուսոյդ եկելութեանն՝ սիրեմք զխաւարն:

Եւ զայս իբրեւ ասաց՝ ծագեաց արեգակն պայծառ օդով. եւ գտին զնա զօրքն իւր: Եւ իջեալ յերիվարացն՝ անկան ի վերայ երեսաց իւրեանց, եւ երկրպագեցին Խաչելոյն, ասելով. Դու ես Աստուած յերկինս ի վեր եւ ի վերայ երկրի, եւ քո է լոյս, եւ քո է խաւար. զքեզ օրհնեմք Տէր տերանց եւ Աստուած աստուածոց. եւ զի ստացար զմեզ քեզ՝ ի տեղւոջս յայս, աստ կանգնեսցուք զնշան խաչի քո, որով փառաւորի անուն քո անպատում սքանչելեօքս, անուն քո յաւիտեանս:

After this, the king went hunting through Muxnar, on the twentieth day of July, a Saturday. While they were on the road, Satan spoke to the king's heart and [through the king] said to his four advisors: "Why is it that we have become lazy in worshipping the gods, after that witch arrived and preached Christianity? Now let us destroy her and those who have been deceived by her, and remain in our patrimonial religion." Hearing this, they were delighted and became even more eager. Accepting the plan they passed through the borders of Muxnar, then ascended Mt. T'xut in order to see Kazbk' and Up'lists'ixe from that elevation. Lo, a mist and fog arose, the sun was eclipsed at noon and it became night. Terror descended upon them. They abandoned the king and dispersed. He, trembling, and fearful for his life said:

"Jesus Christ, God of Nino, take me into Your service and remove me from hell, for my gods were unable to aid me. I believe You can, and that day and night are Yours. Crucified Lord, save us with Your Cross, for I believe that this darkness has descended not over everyone, but solely upon those of us who, after the coming of Your light, [still] love the darkness."

As soon as he had said this the sun dawned with fresh air. [The kings'] troops found him. Descending from their horses, they fell on their faces, worshipping the Cross and saying: "You are the God of Heaven above and upon the earth, light and darkness belong to You. We bless You, Lord of lords and God of gods. And since it was in this place that You took us to Yourself, here we shall erect the sign of Your Cross, by which Your name is glorified by ineffable wonders forever."

Եւ դարձան ի տուն, աւետաւորս արձակելով յառաջագոյն՝ որոց նստէին ի սուգ՝ վասն չար համբաւոյն զոր լուեալ էին. իսկ իբրեւ լսեցին զխաղաղութեամբ դառնալն, ելին մեծաւ ուրախութեամբ ընդ առաջ թագաւորին ամենայն բազմութիւն քաղաքին:

Եւ ասէ թագաւորն. Փառք տուք ի մի բերան Քրիստոսի Աստուծոյ, արարչին երկնի եւ երկրի: Եւ ո՞ւր է սուրբն Նունի մայրն իմ, քանզի Աստուած նորա՝ Աստուած իմ է:

Ասեն ցնա. Ահա աղօթէ վասն քո ի Մորենւոջն, յիսուն ոգովք:

Եւ նա բուռն հարեալ՝ կանգնէր զնոսա, եւ դարձուցանէր յարեւելս, եւ խրատ տայր՝ փրկողին իւրեանց Քրիստոսի երկրպագել, եւ խոստովանել զնա Որդի Աստուծոյ կենդանւոյ: Եւ լայր ամենայն բազմութիւնն ի տեսանելն զթագաւորն, եւ տային օրհնութիւն Աստուծոյ կենդանւոյ:

Ապա գրէ սուրբն Նունի առաջի Հեղինեայ տիկնոջն Հռովմայ թուղթ, եւ Միհրան առ մեծն Կոստանդիանոս, զի Տէր այց արար տանս Վրաց՝ մեծաւ ողորմութեամբ. եւ առաքեցէք մեզ քահանայս՝ տալ մեզ կեանս ջրով եւ հոգւով:

Եւ ինքն սրբուհին Նունի ոչ դադարէր ի քարոզութենէ երկոտասան կանամբք, որք միշտ ընդ նմա լինէին. Եւ խորհի այնուհետեւ թագաւորն շինել եկեղեցի, մինչեւ քահանայքն եկեսցեն: Եւ մտին ի դրախտն, եւ հատին զծառն շոճի, եւ կազմեցին ի նմանէ վեց սիւն, եւ արկին զհիմունսն, եւ կանգնեցին զվեց սիւնսն. եւ զեւթներորդն՝ որ մեծն էր քան զամենայն՝ ոչ կարացին շարժել ի տեղւոյն՝ ոչ բազմութեամբ եւ ոչ հնարիւք մեքենայից, մինչեւ ի մտանել արեգականն. եւ ապա թողին եւ գնացին մեծաւ հիացմամբ:

They turned homeward, dispatching in advance messengers to those who sat mourning because of the evil news they had heard [about the king's disappearance]. As soon as [the mourners] heard about the peaceful return, the entire multitude arose with great joy and went before the king.

King [Mirian] spoke: "Glorify in unison Christ God, creator of Heaven and earth. But where is my mother, saint Nino? For her God is my God."

They informed him: "Behold she is praying for you with fifty people among the blackberry bushes."

They went to her, and prostrating themselves, adored her. However, she put forth her hand and put them on their feet. Turning them eastward she advised them to worship their savior, Christ, and to confess Him as the Son of the living God. The entire multitude wept upon seeing the king and blessed the living God.

Then saint Nino wrote a letter to Helen, queen of Rome, and Mirian wrote to Constantine the Great, [saying]: "The Lord has visited Iberia with great mercy. Send us priests to give us life with water and the spirit."

Saint Nino herself did not cease preaching with the twelve women who were constantly with her. Subsequently the king thought to build a church before the priests arrived. They entered the garden, cut down the pine tree, fashioned six columns from it, set the foundations and erected the six columns. But as for the seventh column which was larger than all the others, they were unable to lay it in place neither with the [strength] of the multitude nor by machines, until sunset. So they left off and went away, greatly surprised.

Եւ սուրբն Նունի երկոտասանիւքն մնաց անդէն զգիշերն, եւ աղօթէր արտասուօք: Եւ ի մէջ գիշերին լինէին արհաւիրք եւ շարժմունք եւ որոտմունք, որպէս թէ փլանէր երկուց լերանց՝ Արմազայ եւ Զադէի, եւ աւերել զերկոսին գետսն՝ Կուր գետոյ եւ Արագոյ, եւ դառնալ նոցա ի վերայ քաղաքին եւ բերդին: Եւ զարհուրեցան կանանին որ ընդ Նունեայ, եւ սկսան փախչել:

Եւ ասէ սուրբն. Մի՛ զարհուրիք, զի ցնորք է այս եւ ոչ ճշմարտութիւն. քանզի լերինքն կան հաստատուն, եւ գետքդ գնան զընթացս իւրեանց, եւ խաղաղեալ ննջեն մարդիկ քաղաքիս. այլ անհաւատութիւնն լեռնացեալ՝ փլաւ ստուգապէս, եւ արիւն մանկանցն՝ կռոցն մատուցեալ՝ անդրէն դարձաւ, զոր գետքդ նշանակեն, եւ ձայնք ողբէլալեաց, որք աշխարեն զկորուստ իւրեանց՝ մոլորեցուցիչք դեւք պիղծք:

Եւ զայս ասացեալ՝ յորդորէր զնոսա ի ժրութիւն, եւ յորդէր ինքն զաղբիւրս արտասուաց: Եւ մինչչեւ էր հաւու խօսեալ՝ լինէր խռովութիւն եւ աղաղակ, իբրեւ զօրու ծանու պատել զքաղաքն, եւ առնուլ զնա եւ կոտորել. եւ տալ հրաման ի ձայն զօրութեան, եթէ Տայ ձեզ հրաման Խորա թագաւորն Պարսից, եւ արքայից արքայն Խորախոսրով հրամայէ. եւ թէ Հրեայքդ ի բաց կացէ՛ք եւ զատարուք, եւ մի՛ մեռանիք. եւ թէ Աճա սպանաւ Միհրան թագաւորն:

Now saint Nino spent the night there with the twelve women praying tearfully. During the night there were shocks, movements and thundering as though the two mountains, Aramaz and Zade [were about to] collapse, destroy the [channels of] the two rivers, Kur and Arag, and divert them upon the city and the fortress. The women with Nino were terrified and started to flee.

But the saint said: "Fear not, for this is an illusion and not reality. The mountains stand firm, the rivers continue along in their courses, and people in the city are sleeping peacefully. Rather, unbelief, having become a mountain, has indeed crumbled, and the blood of children who were sacrificed to the idols—which represents those rivers—has turned thence, and the wailing sounds which lament their destruction are those impure deceiving dews themselves."

Having said this, she exhorted [the women] to be courageous and [Nino] herself shed streams of tears. Until cockcrow there was agitation and clamor as though a large army had surrounded, taken, and destroyed the city, and [as though] an order had been given in a loud voice saying: "Xora the Iranian king has commanded you, and the king of kings Xoraxosrov orders the Jews to stand back, separate, and not die, and behold, king Mirian has been slain."

Իսկ սուրբ առաքելուհին տարածեալ զբազուկսն՝ ասէ. Գնացէ՛ք ի խաւարն արտաքին, ահա եկն Խաչեալն՝ սպանիչն ձեր, եւ երթա՛յք ի կողմն հիւսիսոյ:

Եւ նոյնժամայն եղեն աներեւոյթ: Եւ մօտ ընդ առաւօտն երեւէր պատանի մի հրեղէն, ծածկեալ ի լոյս անմատչելի, եւ խօսէր ընդ սուրբն Նինայ բանս երիս. եւ ապա երթայր առ սիւնն, վերացուցանէր զնա ի բարձունս:

Եւ տեսանէր զամենայն՝ կին մի Սիդինա անուն, որ եւ գնացեալ առ Նինաւ՝ ասէ. Զի՞նչ էր այս, սուրբ դշխոյ:

Եւ նա ասէ ցնա. Լուռ լեր եւ աղօթեա:

Եւ ահա տեսին զի գնայր սիւնն՝ վառեալ լուսով՝ մեղմութեամբ, եւ իջանէր ի հաստեալ արմատոյն իւրոյ: Եւ ընդ լուսանալն՝ եկն թագաւորն, եւ ամբոխ յոյժ ընդ նմա, եւ տեսին զի սրացեալ էր սիւնն, եւ եկն առանց ձեռին, եւ հաստատեցաւ ի վերայ սարսխին. եւ ամբարձեալ զձայնս իւրեանց՝ ետուն փառս Աստուծոյ: Եւ յաւուր յայնմիկ եղեն բազում սքանչելիք ի տեղւոջն. զի Հրեայ մի կոյր ի ծնէ՝ մերձ տարան սեանն, եւ առժամայն բացաւ: Եւ ապա թագաւորազն մի Համազասպունի, ութամեայ, անդամալոյծ, բերեալ մօրն, եւ եդեալ առաջի սեանն մահճօքն, եւ աղաչէր զՆինաւ վասն փրկութեան մանկանն:

Եւ նորա հասուցեալ զձեռն իւր ի սիւնն՝ եդ ի վերայ մանկան, ասէ. Յիսուս Քրիստոս, որ եկիր մարմնով վասն փրկութեան աշխարհի, օգնեա տղայոյս այսորիկ:

Եւ առժամայն յարեաւ մանուկն, եւ եկաց ի վերայ ոտից իւրոց. եւ ամենայն բազմութեանն տեսեալ՝ տային օրհնութիւն Աստուծոյ. եւ անկաւ ահ ի վերայ ամենեցուն: Եւ թագաւորն արար ծածկոյթ սեանն. եւ կատարեցին զեկեղեցին շինելով ի փառս Աստուծոյ:

But the blessed apostle stretched forth her arm saying: "Go to the outer darkness, for lo, the Crucified One, your slayer has come. Begone to the north!"

They immediately disappeared. Close to dawn, a fiery youth clad in unapproachable light appeared to saint Nino and told her three things. Then [the angel, or Nino herself] went to the column and raised it on high.

Now a woman named Sidonia saw all of this. She went to Nino and asked: "What is this, blessed queen?"

The latter replied: "Remain silent and pray."

And behold, they saw the column move gently, lit by light, and descend upon its cut base. As it grew light, the king arrived with a huge crowd. They saw that the column had flown, untouched by any hand, and had settled itself upon its pedestal. Raising their voices they glorified God. On that day numerous miracles occurred there. For a Jew, who had been blind from birth, was taken near the column and his/her eyes were immediately opened. Then one of the royal offspring, Hamazaspuni, eight years old, who was paralyzed, was brought by his mother and placed on a litter in front of the column. [The mother] beseeched Nino for the salvation of her lad.

[Nino] touched the column with her hand, then placed her hand on the lad, saying: "Jesus Christ Who came in the flesh for the salvation of the world, bless thls boy."

The lad arose immediately and stood upon his own feet. And seeing this, the whole multitude blessed God; and awe descended upon them all. The king made a covering for the column. And they completed the construction of the church, to the glory of God.

ԺԱ

Իսկ թագաւորն Կոստանդիանոս տեսեալ զհրեշտակսն Միհրանայ՝ խնդաց յոյժ վասն դարձի Վրաց ի Քրիստոս, եւ զի հաւատաց եթէ բնաւին ի բաց կացին ի միաբանութենէն Պարսից. նոյնպէս եւ դշխոյն Հեղինէա. եւ փառաւոր առնէին զԱստուած: Եւ առաքեցին եպիսկոպոս մի Յովհաննէս կոչեցեալ, եւ քահանայս երկու սարկաւագս երիս, եւ խաչ ընդ նոսա եւ պատկեր փրկչական: Եւ եկեալ լուսաւորեցին մկրտութեամբ զթագաւորն եւ զկին իւր եւ զորդիսն եւ զաւս երեւելիս, ի տեղւոջն որ կոչի Մոկթա, եւ կոչեցաւ տեղին՝ Գլխաւորաց լուսատու: Եւ մկրտեցան ամենայն Վիրք, բայց ի Մթեւուլեացն, եւ ի Կովկասու, եւ ի Հրէիցն՝ որ ի Մցխիթա. այլ ի Բարաբբայնոցն մկրտեցան յիսուն այր. եւ սիրեաց զնոսա թագաւորն, եւ ետ նոցա զԴիդիցիխէ: Եւ Փերոզ՝ որ ունէր զտունն Ռանայ մինչ ի Պարտաւ, որ փեսայ էր Միհրանայ, ոչ լուաւ բանին կենաց: Եւ առաքեաց Միհրան զՅովհաննէս եպիսկոպոս եւ այր մի աւագ ընդ նմա առ Կոստանդիանոս, եւ խնդրեաց յոլովութիւն քահանայից, եւ մասն ի Խաչէն Տեառն, եւ քարակոփս ի շինութիւն եկեղեցեաց: Եւ նա առաքեաց զամենայն զոր խնդրեաց, եւ զտախտակն ուոիցն Տեառն, եւ զբեւեռս ձեռացն, եւ այլ սպասս եկեղեցւոյ եւ ծախս, զի յանուն նորա շինեսցեն եկեղեցի յերկիրն Քարթլայ: Եւ եկն եպիսկոպոսն յերկիրն Ուշէթ, եւ էարկ հիմն եկեղեցւոյ, եւ եդ անդ զբեւեռսն, եւ եթող անդ շինողս եւ ծախս: Եւ անցեալ ի Մանկլիս՝ եւ անդ եդ հիմն եկեղեցւոյ, եւ եդ անդ զտախտակն սուրբ:

XI

Now king Constantine, seeing the envoy of Mirian, was overjoyed because of Iberia's conversion to Christianity, for he believed that thereby [the Iberians] had completely severed their ties with Iran. Queen Helen likewise rejoiced, and they glorified God. They sent [to Mirian] a bishop named Yovhannes, two priests, three deacons, a cross, and an icon of the Savior. After arriving, [the Byzantine clerics] illuminated with baptism the king, his wife, and children, and prominent men at a place called Mokt'a, but thereafter called "the place where the Chiefs were illuminated [baptised]." All of Iberia was baptised excepting [folk] in Mt'ewulik', in Caucasus and among the Jews of Mts'xet'a. Fifty men of the Barabbayink' [descendants of Barabbas] were baptised. The king loved them and gave them [the fortress of] Didits'ixe. However, Mirian's son-in-law, P'eroz (who held Aghuania as far as Partaw), did not heed the Word of Life. Then Mirian sent bishop Yovhannes and a senior man with him to Constantine requesting many priests, a fragment of the Lord's Cross and masons for building churches. [Constantine] sent all that he had requested plus the tablet [which rested] at the Lord's feet, the nails [driven] into His hands, other vessels of the church and expenses so that the church of the country of K'art'li would be built in his name. The bishop came to the Erushet'i country, laid the foundation of a church, deposited the nails there and leaving the builders and expenses [for compensation]. He crossed over to Manklis, laid the foundation of a church and deposited the blessed tablet there.

Եւ լուաւ թագաւորն, եւ տրտմեցաւ վասն մասանցն այլուր դնելոյն, եւ ոչ յարքունաական քաղաքին, եւ զի ոչ անդր եկին դեսպանքն նախ: Եւ ասէ սուրբն Նինաւ. Մի՛ դժուարիր, արքայ, զի յամենայն տեղիս արժան է սերմանել զանուն Տեառն. եւ կայ աստ մեծ սրբութիւն եւ յիշատակ ի Տեառնէ՝ պատմուածանն սուրբ: Եւ լուաւ թագաւորն յԱբիաթարայ զամենայն որպիսութիւն պատմուածանին, եւ փառաւորեաց զՔրիստոս՝ ասելով. Օրհնեալ է Տէր Աստուած, որ եհան զնա յատելեաց իւրոց Հրէիցն, եւ շնորհեաց մեզ հեռաւորացս ողորմութեամբն իւրով: Եւ սկսան ապա քարակոփքն ի գալ եպիսկոպոսին՝ շինել եկեղեցի արտաքոյ քաղաքին, որ է այժմ եպիսկոպոսարան: Եւ ասաց սուրբն Նինաւ ի սկսանել գործոյն. Փառաց բաշխողդ Քրիստոս՝ Որդի Աստուծոյ, երկիր լրմամբ եւ զօրութեամբ քո յազգն Դաւթի. եւ ի միածին մօրէ՝ ծնար միածինդ Աստուած, լոյսդ ամենեցունց, պատկերդ Հօր, որ իբր կարօտ՝ առեր մկրտութիւն ի ջրոյ եւ ի Հոգւոյ, խաչեցար եւ թաղեցար ի սիրտ երկրի, յարեար երեքօրեայ, ելեր յերկինս, եւ գաս դատաւոր կենդանեաց եւ մեռելոց. դու լեր հովանի եւ ամրութիւն ամենայն յուսացելոց ի քեզ. եւ քեզ օրհնութիւն յաւիտեանս. ամէն:

Եւ պատմեցին ոմանք ի նմին ժամու եպիսկոպոսին՝ եթէ ի ստորոտս փոքու լերինն՝ կայ ծառ մի գեղեցիկ եւ անուշահոտ, եւ լինին ի նմանէ բժշկութիւնք էրէոց՝ որք վիրաւորին յորսորդաց, յորժամ ուտեն ի թափել տերեւոց նորա եւ կամ ի պտղոցն: Եւ ասէ ցնոսա. Ստուգապէս երկիրս այս խնամեալ է միշտ ի Տեառնէ՝ նախ քան զճանաչելն զնա:

The king heard about this and was saddened that relics had not been placed in the royal city but elsewhere, and because the emissaries had not come there first. Saint Nino said: "King, grieve not, for every place is worthy of propagating the Lord's name. Here [in this city] great holiness and a testimony of the Lord [is to be found]—[His] blessed robe." The king heard from Abiathar all about the robe and he glorified Christ, saying: "Blessed is the Lord God Who removed this from the Jews who hated Him and bestowed it upon us distant ones by His mercy." Then upon the arrival of the bishop, the masons commenced constructing a church outside the city. This is presently a church with a bishop in residence. At the start of the construction, saint Nino spoke: "Christ, Son of God, partaker of glory, You came to the line of David with your renown and strength, born the only-begotten God of an only-begotten mother, a light to all, an image of the Father, a powerful source baptised by water and the Spirit, crucified and buried in the heart of the earth, resurrected in three days, ascended to Heaven, future judge of the living and the dead, be Thou a protector and buttress for all who depend upon Thee; and blessings on Thee forever, amen."

At that same time some people told the bishop that at the base of a small mountain there was a beautiful and fragrant tree which healed deer, wounded by hunters, whenever they ate its fallen leaves or fruits. He said to them: "Truly this country has always been protected by the Lord, even before it recognized Him."

Եւ առեալ զՐէվ արքայորդին՝ չոգաւ եպիսկոպոսն, եւ կտրեալ զծառն ոստովքն՝ բերին ի քաղաքն, մարտի քսան եւ հինգ յուրբաթու. եւ լի էր տերեւօք. եւ կանգնեալ զնա ի դրան եկեղեցւոյն՝ զաւուրս երեսուն արմատոյն: Եւ ի մայիսի մի՝ կազմեցին երիս խաչս. զմին կանգնեցին. եւ ի տեսիլ ամենայն ժողովրդեանն՝ իջանէր յերկնից խաչ լուսեղէն՝ պսակեալ աստեղօք, եւ զգենոյր զփայտեղէնն՝ մինչեւ ցառաւօտն: Եւ ապա երկու աստեղք ելանէին անտի, մինն յարեւելս սլացեալ եւ մինն յարեւմուտս կոյս: Եւ ասէ սուրբն Նինաւ. Ելէ՛ք ի բարձր տեղիս, եւ դիտեցէք թէ ո՛ւր երթան աստեղքն: Եւ ելեալ տեսին եւ ասացին՝ թէ մին աստղն փայլէ ի ծայրս լերինն Թխոթոյ, որ ելանէ ի Կասբ, եւ միւսն յերկիրն Կախեթոյ ի Դաբայ: Եւ տարան զերկոսին խաչսն, եւ կանգնեցին ի տեղիսն՝ զոր Տէր եցոյց ի ձեռն փայլատակեալ աստեղացն. եւ զաւագ խաչն կանգնեցին ի վերայ վիմին՝ որ կայ հանդէպ քաղաքին. եւ կարգեցին զօր մեծի Զատկին՝ Տօն Խաչին՝ ամենայն տանն Քարթլայ, զութ օր: Եւ զկնի աւուրց՝ դարձեալ լուսով փայլատակեալ խաչն բորբոքէր յաւուր չորեքշաբթու, ունելով ի գլուխն պսակ յերկոտասան աստեղաց: Եւ ի տեսիլ սքանչելեացն՝ յոլովք ի հեթանոսացն դարձան ի Տէր եւ մկրտեցան. եւ հաւատացեալքն՝ ե՛ւս հաստատեալք ի հաւատս՝ տային օրհնութիւն Աստուծոյ, երկրպագութեամբ սրբոյ նշանին. քանզի իբրեւ զկայծակունս ի քրայից՝ հրեշտակք Աստուծոյ շրջէին զխաչիւն, եւ ելանէին ի վերայ նորա:

Taking the king's son, Rev, the bishop went and cut down the tree at its base, and brought it to the city on Friday, the twenty-fifth of March. It was covered with leaves. Erecting it at the door of the church, for thirty-seven days it did not wilt, as if it were still attached to its root. On the first of May, they fashioned three crosses [from the tree]. One of these they erected, and in the sight of the entire public a luminous cross crowned with stars descended from Heaven and covered the wooden cross until morning. Then two stars arose from it, one flying eastward and the other, westward. Saint Nino said: "Go up to a high place and note where the stars go." They ascended and watched and said that one star was glowing at the summit of Mount T'xut' which arises in Kasb, while the other one [went] to Dabi in the Raxet'i country. They took the two crosses and erected them in the places pointed out by the Lord by the twinkling stars. They erected the senior cross on a rock which stands opposite the city, and they designated the day of Great Easter, the Feast of the Cross for all Iberia, [lasting] eight days. Now after [some] days, on a Wednesday, once more the cross flared forth light, having at its top a halo of twelve stars. Seeing these wonders, many of the pagans turned to the Lord and were baptised. The believers were yet more confirmed in the faith and blessed God, worshipping the holy sign. Resembling sparks from metal, the angels of God encircled the cross and lit upon it.

Յաւուրսն յայնոսիկ որդին Րէփայ, որ էր ժառանգ թագաւորութեանն, հիւանդացաւ մերձ ի մահ. եւ բերեալ հօրն՝ ընկէց առաջի խաչին, եւ առժամայն ողջ եղեւ. եւ փառք ետուն Աստուծոյ: Եւ հայր մանկանն շինեաց ի վերայ խաչին մարմարեայ խորանս, եւ ամի ամի գայր նուիրօք պատարագաց յերկրպագութիւն խաչին: Եւ կոյր մի երկու աչօքն՝ եկն անկաւ առաջի սրբոյ նշանին, եւ բացաւ զկնի եօթն աւուր: Եւ կին մի՝ ութամեայ լլկեալ ի դիւաց, բերին մահճօք, եւ ընկեցին յուտս խաչին. եւ զկնի երկոտասան աւուր գնաց ողջացեալ ի տուն: Եւ մանուկ մի մեռեալ, եբեր մայր նորա ձգեաց առընթեր խաչին. եւ յոլովք ասէին ցնա. ի բաց տար զդա, եւ մի՛ յանդգնիր. այլ նա ոչ հատանէր զյոյսն իւր. եւ ի ժամ երեկոյին յարեաւ մանուկն, եւ տարաւ զնա մայր նորա ի տուն իւր. եւ զոր տեսեալ ժողովրդոցն՝ տային օրհնութիւն Աստուծոյ խաչեցելոյն: Այլ եւ ոչ մերձ եկելոցն բաշխէին բժշկութեան շնորհքն միայն, այլ եւ հեռաւորացն՝ որք կարդային զանուն սրբոյ խաչին Նունեայ. վասն որոյ եւ բազում կանայք ամուլք՝ առին զաւակս ի պարգեւաց խաչին:

Յաւուրսն յայնոսիկ առաքեաց թագաւորն Կոստանդիանոս սարկաւագ մի, որ ունէր Թուղթ ի Բրանջաց ազգէն, որք ի հօրէ նորա լուսաւորեալք էին. քանզի լուան նոքա եթէ ի Հայս եւ ի Վիրս ծագեաց արեգակն արդարութեան մեծապայծառ ճառագայթիւք, եւ մեծամեծ գործք Աստուծոյ երեւեցան առ նոսա. եւ առաքեցին գրով զցնծութիւն սրտից իւրեանց, եւ եւս առաւել կամեցան տեղեկանալ ի ձեռն Բրանջ սպասաւորին, զի գրեալ զամենայն ստուգութեամբ՝ տարցի առ նոսա, որ ինչ ի Հայս եւ ի Վիրս իրք եղեն ի փառս Աստուծոյ: Զոր իմացեալ սարկաւագին՝ գրեալ ի մատենի՝ տարաւ յաշխարհն իւր ի Բրանջս:

In these days, the son of Rev, who was the heir of the kingdom, grew deathly ill. His father brought him and laid him before the cross, and he became well at once, and they glorified God. The child's father built a marble altar on the cross and each year came with gifts of offering to adore the cross. A person blind in both eyes came and fell before the holy symbol and seven days later the eyes were opened. On a litter they brought and placed at the foot of the cross a woman who had been afflicted by dews for eight years. Twelve days later she went home cured. A mother brought her dead child and placed it near the cross. Many people said to her: "Take it away and bury it, and be not so bold." But she did not lose hope. At night the child arose and his mother took him home. When the people saw this they blessed the crucified God. It was not only those who came near who enjoyed the blessings of healing, but also those at a distance who [merely] spoke the name of the holy cross of Nino. And many barren women received children as a blessing of the cross.

In this period king Constantine sent a deacon who had a letter from the Frank people who had been illuminated by [Nino's] father [Zabulon]. For they had heard that the sun of justice had dawned in Armenia and Iberia with dazzling rays and that very great acts of God had transpired among them. They sent a letter [expressing] the joy of their hearts and wanted to learn from the Frank attendant; [they wanted him] to write everything accurately regarding the events which occurred in Armenia and Iberia to the glory of God and to give it to them. The deacon found out, wrote it down, and took it to his own land, to the Franks.

Յայնմ ժամանակի խորհեցաւ թագաւորն Միհրան՝ պատերազմօք բռնութեան՝ ածել ի հաւատս զՓերոզ փեսայն իւր եւ զՄթեւուլսն. եւ արգել զնոսա սուրբն Նունի, ասելով՝ եթէ Տէրն ոչ եկն սրով եւ աղեղամբ, այլ խաչիւ եւ աւետարանաւ:

Եւ չոգան եպիսկոպոսն եւ Նիննաւ, եւ իշխան մի ընդ նոսա՝ ի Ծրբին, ի Ճարթալ, ի Թխելայ, ի Ծիլկասն, ի Գորամաղր. եւ ոչ ընկալան զբան Տեառն. եւ իջին ի Ժալէթ եւ յԵրծոյթ, եւ քարոզեցին անդ. եւ լուան նոքա եւ մկրտեցան: Եւ Փխացիքն թողին զերկիրն իւրեանց, եւ գնացին ի Թոշէթ. եւ բազումք ի լեռնականացն կան մինչ ցայսօր ի կռապաշտութեան: Եւ սուրբն Նիննաւ գնաց յերկիրն Ռանայ՝ քարոզել Փերոզի, եւ դարձեաց մերձ ի սահմանս Կուխեթոյ, եւ հիւանդացաւ անդ: Եւ Րէվ՝ որդի թագաւորին, եւ Սողոմէ կին իւր, որք կային յՈւջարմա, եկին տեսանել զնա: Եւ թագաւորն լուաւ, եւ առաքեաց զեպիսկոպոսն տանել զնա ի Մցխիթա. եւ ոչ կամեցաւ երթալ: Ապա եկն առ նա թագաւորն եւ կին իւր, եւ Պեւուժավր Սիւնեցին, եւ բազմութիւն ժողովրդոց. եւ նստեալ շուրջ զնովաւ՝ լային: Եւ նա հայէր ընդ երկինս անքթիթ աչօք, լի զուարթութեամբ:

Յայնժամ ասեն ցնա թագուհիքն. Մայր սուրբ, որպէս լուաք ի քէն, կային Որդւոյն Աստուծոյ բազմութիւնք մարգարէից, եւ եղեն նորա երկոտասան առաքեալք եւ եօթանասուն եւ երկու աշակերտք, եւ ոչ ոք ի նոցանէ առաքեցաւ առ մեզ, բայց միայն դու սրբուհի. եւ արդ պատմեա մեզ զորպիսութիւն ծննդեան եւ սննդեան քո առ մեզ:

Then king Mirian planned to militarily compel his son-in-law P'eroz and the Mt'ewulik' to accept the faith. But saint Nino stopped him, saying: "The Lord did not come with sword and bow, but with the Cross and the Gospel."

A bishop, together with Nino and a prince, went to Tsrbin, Chart'al, T'xela, Tsilkas, and Goramaghr. But [the people] did not accept the word of the Lord. They descended into Zhalet' and Ertsoyt' and preached there. Those people listened and were baptised. The P'xats'ik' left their country and went to T'oshet'i and to the present there are many mountaineers who are idol-worshippers. Saint Nino went to the country of Aghuania to preach to P'eroz. She stopped near the border of Kuxet'i and became ill there. Rev, the king's son, and his wife, Salome, who were at Ujarma, came to see [Nino]. They king heard [about her illness] and sent the bishop to take her to Mts'xet'a, but she did not want to go. So the king and his wife, and Peluzhavr Siwnik' and a multitude of the people went to her. Seated around her, they wept. [Nino] gazed up at heaven with unblinking eyes, full of joy.

Then the queens said to her: "Holy mother, as we heard from you, hosts of prophets [prophesied the coming of] the Son of God. He had twelve Apostles and seventy-two disciples, yet none of them was sent to us, excepting your holiness. Now tell us the details of your birth and upbringing."

Եւ ասէ ցնոսա սուրբն. զի՞ կամիք տեղեկանալ յաղագս տառապեալ աղախնոյս Քրիստոսի, որ այսուհետեւ կոչէ զիս առ ինքն, եւ ի մայրն իմ յաւիտենից. եւ պատմեալ է իմ յականջս Սողոմեայ, դստերդ արքային Հայոց, համառօտ զօրինակ գալոյն իմ այսր. տո՛ւք բերել քարտէս եւ մելան, եւ գրեցէ՛ք ի բերանոյ դորա. եւ զայլն դուք ինքնին գիտէք, զոր լուայքն եւ տեսէք: Եւ խաղաղութիւն Տեառն եղիցի ընդ ձեզ. եւ յանձն առնեմ ձեզ զՑակոբ քահանայսն, որ զկնի Յոհաննիսի լինելոց է եպիսկոպոս՝ ի կոչմանէ Հոգւոյն:

Եւ ապա ետ մատուցանել պատարագ եպիսկոպոսին Յովհաննիսի, եւ հաղորդեցաւ ի սուրբ խորհրդոյն. եւ յանձն արարեալ զինքն թագաւորին երկնաւորի՝ կատարեցաւ ի Քրիստոս. եւ թաղեցաւ ի նմին տեղւոջ, յերեքհարիւր երեսուն եւ երկու ամի վերացման Տեառն, եւ յելիցն Ադամայ ի դրախտէն՝ հինգ հազար ութհարիւր երեսուն եւ երկու ամի, հնգետասաներրորդի ամի՝ մտից նորա ի քարթլ:

Իսկ թագաւորն Կոստանդիանոս գրեաց թուղթ առ Միհրան, եւ արձակեաց զորդի նորա զԲահքար, որ կայր առ նմա պատանդ, եւ ասէ.

Ես Կոստանդիանոս ինքնակալ, նոր ծառայ Յիսուսի Քրիստոսի, նորվաւ ազատեալ ի գերութենէ սատանայի, առաքեցի առ քեզ, Միհրան, թագաւոր Վրաց՝ զորդիդ քո. զի Տէրն մեր լիցի ի միջի մերում երաշխաւոր, կալ քեզ մեզ հնազանդութեամբ, եւ նա հալածէ զխափանիչ դեւն ի սահմանաց քոց:

THE GEORGIAN CHRONICLE

Saint [Nino] said to them: "Why do you want to learn about a poor wretched maid-servant of Christ who is to be called to Him and to my mother, forever? I have related to Salome, daughter of the Armenian king [Trdat], a brief account of my coming here. Bring parchment and ink and write down what she tells you. Furthermore, you yourselves know whatever else you have heard and seen. May the Lord's peace be with you. I entrust to you the priest Yakob who shall be bishop after Yohannes, by the calling of the Spirit."

Then she bade bishop Yohannes to conduct the liturgy, and she communed in the divine mystery. Entrusting herself to the Heavenly King, she was perfected in Christ. [Nino] was buried at that spot in the 332nd of the Resurrection of the Lord, in the year 5832 of Adam's expulsion from Paradise, and in the fifteenth year of Nino's sojourn in K'art'li.

Now king Constantine wrote a letter to Mirian, and freed his son Bak'ar who had been his hostage. He wrote:

"I, emperor Constantine, a new servant of Jesus Christ (by Whom I was freed from the captivity of Satan), have sent your son to you, Mirian king of Iberia, so that our Lord serve as a pledge between us, [and] so that you obey us, [and] so that He drives the deceiving dew from your borders."

CHAPTER XI

Իսկ Միհրան արար ուրախութիւն մեծ Նանայիՙ մարբ մանկանն, եւ ամենայն աշխարհաւնՙ ի փառս Աստուծոյ։ Յետ այսորիկ կատարեաց զեկեղեցի եպիսկոպոսարանին, եւ ելից զարդուք։ Եւ յաւուրսն յայնոսիկ մեռաւ Րէվ որդի նորա, կեցեալ ամս երեսուն եւ չորս։ Եւ ի նոյն ամի հիւանդացաւ թագաւորն Միհրան. եւ կոչեաց զորդի իւր, եւ եդեալ զթագն ի վերայ խաչին, եւ ապա առեալ անտիՙ դնէր ի գլուխ նորա, պատուիրելով նմա կրօնս եւ զկարգս աստուածպաշտութեան։ Եւ ասէ ցկինն իւր. Երթ, բնակեա ի գերեզմանն սրբոյն Նունեայ, եւ անդ կեա՛ց. եւ շինեա եկեղեցի, եւ պատուեա զտեղին, եւ բաշխեա զգոյսս մեր աղքատացՙ ընդ երկուս հատեալ. եւ ես ահա երթամՙ ուստի եկի. եւ գոհանամ զԱստուծոյՙ որ դարձոյց զխաւարն իմ ի լոյս եւ զմահն ի կեանս եւ զձախ յաջ. եւ դուք ժրասջիք, եւ զմնացեալ կուռսն կործանեսջիք. եւ եղիցի ընդ ձեզ Տէր ամենակալ։ Եւ զայս ասացեալՙ ննջեաց։ Եւ յերկրորդում ամին հանգեաւ թագուհին նանա ի տէր։

Now Mirian and the lad's mother, Nana, and the entire land rejoiced in the glory of God. After this [Mirian] completed the church of the bishop's see and filled it with adornments. In these days his son Rev [II] died, having lived thirty-four years. The same year king Mirian himself grew ill. He summoned his son, placed the crown on the cross and thence on [his son's] head, recommending to him the faith and habits of piety. And he said to his wife: "Go dwell at the tomb of saint Nino and remain there. Build a church and honor the place. Divide our belongings into two and distribute them to the poor. Now I am going to the place I came from. I thank God Who turned my darkness into light, death into life and failure into success. Endeavor to destroy the remaining idols. May the almighty Lord be with you." And with that, he went to sleep. The next year queen Nana reposed in the Lord.

ԺԲ

Բայց ոչ տային Հայք թագաւորել Բահքարայ, զի կամէին զորդի դստերն Տրդատայ թագաւորեցուցանել: Իսկ Բահքար ապաւինեցաւ ի Պարսս՝ տալով նոցա երկիր. եւ Պերոզի ետ ի Շամշոյտոյ մինչեւ ի գլուխ Աշոցաց. եւ նոյնպէս ադաչանս արձակեալ ի Յոյնս, եւ յամենայն կողմանց ժողովեալ զօրս՝ տուին պատերազմ ընդ Հայս ի Ջաւախէթ, եւ հալածեցին զնոսա. եւ թագաւորեաց Բահքար՝ ուժովն Յունաց եւ Պարսից: Գիր էառ ի Սողոմեայ եւ յորդւոյ իւրմէ, զի որչափ չէ հատեալ ազգն Բահքարու՝ ոչ խնդրեսցեն նոքա թագաւորութիւն: Եւ ետ նոցա զԿուխէթ, եւ կացոյց իշխան Ռիշոյ: Եւ էր ինքն հաստատուն ի հաւատս, եւ դարձոյց զբազումս ի Կաւկասեաց՝ ի Քրիստոս. եւ շինեաց եկեղեցի ի Ծիլկան, եւ բազմացոյց քահանայս եւ սարկաւագունս: Եւ մեռաւ խաղաղութեամբ, եւ թաղեցաւ ընդ եղբօր իւրում. եւ թագաւորեաց որդի նորա Միհրդատ:

Եւ զկնի Յոհաննիսի եպիսկոպոսին՝ եղեւ եպիսկոպոս Յակոբ. եւ յետ նորա՝ Ներսէս կաթողիկոսն Հայոց՝ ձեռնադրեաց զսարկաւագն իւր զՅակոբ՝ եպիսկոպոս Վրաց, եւ առաքեաց: Իսկ Միրդատ թագաւորն էր մարդ հաւատացեալ յԱստուած, եւ եկեղեցաշէն եւ զարդարիչ. եւ յաւուրս նորա սկսան տանել մասն ի սիւնէն՝ զոր վաղագոյն յիշեցաք. եւ ոչ արգելոյր թագաւորն:

XII

The Armenians did not allow Bak'ar to rule, for they wanted to enthrone the son of Trdat's daughter [Salome]. Bak'ar took refuge in Iran, giving the country to them. To P'eroz he gave from Shamshoylde to the head of Ashots'k'. Similarly, he sent protests to Byzantium and mustered troops from all parts. He fought the Armenians in Jawaxet', driving them out. Then Bak'ar reigned,[33] through the might of the Byzantines and Iranians. He obtained a document from Salome and her son stating that they would not seek the throne unless Bak'ar's line was extinguished. He gave them Kuxet' and set him up as prince of Risha. He himself remained firm in the faith and converted many of the Caucasians to Christianity. He built a church at Tsilkan and increased the clergy and deacons. He died in peace and was buried near his brother. Then his son, Mirdat,[34] ruled.

After Yohannes, Yakob became bishop, and after him the kat'oghikos of Armenia, Nerses, ordained his own deacon, Yakob, as bishop of Iberia and sent him there. King Mihrdat, a man who believed in God, was a builder and embellisher of churches. In his day they started to take fragments from the column which we mentioned earlier, and the king did not stop this.

---

33 *Bak'ar:* Aspacures II/Varaz-Bakur I, 363-365.
34 *Mirdat:* Mithridates/Mihrdat III, 365-380, diarch, 370-378.

Մեռաւ Միրդատ, եւ թագաւորեաց որդի նորա Վարզաբաքար. եւ արար կանայս երկուս, զդուստրն Րէվայ, եւ զթոռն Փերոզայ, որ ծնաւ նմա զՓարսման. եւ դուստրն Րէվայ ծնաւ զՄիհրդատ եւ զՏրդատ: Եւ ինքն Վարզաբաքար էր թերի ի հաւատոցն եւ վատարի, եւ ոչ արար գործ ինչ արժանի յիշատակի: Յաւուրսն յայնոսիկ եկն զօրագլուխն Պարսից՝ մեծաւ ուժով ի սահմանս Հայոց եւ Վրաց, յաւուրս Խոսրովայ՝ արքայի Հայոց, որդւոյ քաջին Տրդատայ, եւ խնդրէր հարկս ի Հայոց եւ ի Վրաց: Եւ հրամայեաց Խոսրով թագաւորին Վրաց՝ ածել զբնակիչս Կովկասու՝ զԼեկս եւ զՕսս, զի կռուեսցին ընդ Պարսս: Եւ կնամարդին այն Վարզաբարք երկիւղալից եղեալ՝ թագեաւ ի Ձորն Կուխեթոյ. եւ եկին Պարսիկք եւ շինեցին բերդ ի դրանն Տփխեաց՝ հակառակ Մցխիթոյ: Եւ յորժամ խնդրէին Վիրք զխաղաղութիւն, նա խնդրէր զՌան եւ զՄովկան, զի Պարսից է, ասէր, եւ ձեզ բաւական է Քարթլ, յորում ծնեալ էք՝ որդիք աղախնոյ, եւ տո՛ւք հարկս Խոսրովունեաց: Զոր եւ արարին իսկ՝ թողլով ի Պարսս զՌան եւ զՄովկան, եւ յանձն առին զհարկիլն. եւ դարձաւ զօրն պարսից: Ի նմին ժամանակի ապստամբեցին Յոյնք, եւ գրաւեցին յինքեանս զԹոխարս եւ զԿլարճս, ի ծովէն մինչեւ ցԱրսիոն. եւ մնաց միայն Քարթլ եւ Հերեթ եւ Եգրիս ընդ Վարզաբաքայ: Եւ յետ սակաւ աւուրց մեռանէր, թողեալ մանր զտղայսն: Եւ թագաւորեցուցին իշխանքն զՏրդատ, զորդի դստերն Մեծի Տրդատայ՝ աշխարհին Հայոց արքայի. այր լաւ եւ մեծահաւատ եւ իմաստուն, որ դադարեցոյց զգոռալն Պարսից, եւ շինեաց եկեղեցիս, եւ յաւելուած արար ամենայն բարեաց՝ հոգեւորաց եւ մարմնաւորաց. եւ ազատեաց զՌիշա, եւ շինեաց անդ եկեղեցիս: Եւ զկնի ննջման եպիսկոպոսին Յակոբայ՝ կացոյց ի տեղի նորա զԵղիա: Եւ նա շինեաց զՆեկարիս, եւ մեռաւ բարի անուամբ:

Mihrdat died and his son Varzabak'ar ruled.³⁵ The latter had two wives: the daughter of Rev [II], who bore him Mihrdat and Trdat; and the granddaughter of P'eroz [of Gugark'], who bore him P'arsman. Varaz-Bakur, an evil man lacking in faith, did nothing worthy of recall. Now in his day [and] in the time of the king of Armenia, brave Trdat's son Xosrov, the military commander of Iran came to the borders of Armenia and Iberia and demanded taxes from them. Xosrov ordered the Iberian king to send inhabitants of Caucasus, Leks and Ossetians, to fight the Iranians. But that coward Varaz-Bakur, filled with fear, hid himself in the valley of Kuxet'. The Iranians came and built a fortress opposite Mts'xet'a at the gate of Tiflis. When the Iberians sought peace, [the Iranian commander] demanded Aghuania and Movkan, "for it is Iranian," he said, "and K'art'li where you were born should be sufficient for you, sons of a maid-servant; furthermore, you must pay taxes to the Xosrovunik." Which is in fact what [the Iberians] did, abandoning Aghuania and Movkan to the Iranians and becoming tributary. The Iranian army departed. In the same period the Byzantines raided, capturing T'oxark' and Klarjk', from the sea to Arsion. Only K'art'li, Heret' and Egris remained under Varaz-Bakur. After a short time he died, leaving small boys [as heirs]. The princes enthroned Trdat,³⁶ Trdat the Great's daughter's son, from the land of the Armenian king. He was a good, devout, and wise man who put an end to the Iranian assaults, built churches, and increased all spiritual and physical benefits. He freed Risha and built a church there. After the repose of bishop Yakob, he appointed Eghia in his place. He built Nekaria, and then died leaving a good name.

---
35 *Varzabak'ar:* Aspacures III/Varaz-Bakur II, 380-394.
36 *Trdat:* Tiridates, 394-406.

Եւ թագաւորեաց Փարսման. եւ գտեալ օգնութիւն ի կայսերէ՝ դիմացաւ Պարսից. եւ զկնի սակաւուց մեռաւ: Եւ թագաւորէ Միրդատ թոռն Ռէվոյ, այր վէս եւ պակասամիտ, եւ ոչ հարկէր Պարսից: Եւ առաքեաց թագաւորն Պարսից զՈւփրիք զօրագլուխն ի վերայ նորա. եւ չոգաւ Միրդատ ընդդէմ նորա ի Գարդաբան, եւ ըմբռնեցաւ ի նմանէ, եւ հարան զօրքն. եւ մտին ի Քարթլ Պարսիկք, եւ քանդեցին զեկեղեցիսն, եւ յամենայն տեղիս եդին կրակատունս:

Եւ զկնի ամաց երից անպարապ եղեալ Պարսից, կըռուելով ընդ թշնամիս իւրեանց ի կողմանց արեւելից, ամբարձին Վիրք զգլուխ իւրեանց, եւ թագաւորեցուցին զորդին Միրդատայ՝ զԱրչիլ ի վերայ իւրեանց: Սա եբարձ զկըրակատունսն յաշխարհէն, ապաւինելով ի սուրբ խաչն: Եհան զՊարսիկսն արտաքս, եւ տայր պատերազմ ընդ Պարսս՝ ձեռնտուութեամբ Յունաց: վասն որոյ եւ կողմնակալն պարսից, որ կայր ի վերայ Ռանայ եւ Մովկանայ եւ Ատրպատականու, եկն ի վերայ նորա մեծաւ ուժով: Իսկ Արչիլ գնաց ընդ առաջ նորա մեծաւ ուժով ի Բերդահոջ, եւ վանեալ հալածեաց զնոսա՝ զօրութեամբ սուրբ խաչին. եւ մտեալ ի Ռան՝ գերեաց զնոսա, եւ դարձաւ մեծաւ խընդութեամբ:

Եւ առաքեաց աւետաւորս յամենայն երկիրն, եւ ասաց. ոչ զօրութեամբ մերով եւ ոչ իմաստութեամբ, այլ անուամբ սուրբ Երրորդութեանն եւ զօրութեամբ խաչին Քրիստոսի Աստուծոյ մերոյ՝ յաղթեցաք Պարսից. եւ արդ, հաստատեցարուք ի հաւատս, եւ փառք տուք մեծին Աստուծոյ:

Then P'arsman reigned.[37] Finding aid from the emperor he resisted Iran; however, he died after a short while. Then Rev's grandson Mihrdat[38] ruled, an insolent, senseless man who did not pay taxes to Iran. So the Iranian king dispatched the commander Up'rib against them. Mihrdat went against them in Gardaban, was seized by them and the troops were beaten. The Iranians entered K'art'li, pulled down the churches, and established fire-temples everywhere.

Now after three years, when the Iranians were occupied fighting their enemies in the East, the Iberians lifted their heads and enthroned Mihrdat's son Arch'il as their king.[39] He did away with the fire-temples in the land, taking refuge in the holy Cross. They expelled the Iranians and warred against them with Byzantine aid. Consequently, the Iranian lieutenant in charge of Aghuania, Movkan, and Atrpatakan came against [Arch'il] with a great force. But Arch'il, also taking along a great force, went before him to Berdahoj and expelled them through the power of the holy Cross. Entering Aghuania, he captured them and returned with great delight.

He sent messengers to the entire country, saying: "It was not through our strength or wisdom that we vanquished the Iranians, but in the name of the blessed Trinity and by the might of the Cross of Christ our God. Now be firm in the faith and glorify God the great."

---

37 *P'arsman* II: Pharasmanes II, 406-409.
38 *Mihrdat* IV: Mithridates IV, 409-411.
39 A.D. 411-435.

Եւ լուեալ ամենեցունց՝ օրհնեցին զուրբ Երրորդութիւնն ի փառսն իւրում, եւ նորոգեցին զեկեղեցիսն: Եւ քանզի Պարսից թագաւորն պատերազմէր ընդ Հնդկացն եւ ընդ Սինդացւոց եւ ընդ Հաբաշիսն, եւ ոչ էր ատակ նմա առ Վիրս: Եւ որդի Արչլի՝ Միրդատ, այր սրտեայ եւ աջողաձեռն, աւերէր քանդէր զկողմանս Պարսից, բայց ոչ կարէր առնուլ բերդս կամ քաղաքս: Իսկ զօրագլուխն Առնայ՝ Բարզաբօթ՝ տայր զդուստր իւր ի կնութիւն Միրդատայ, եւ առնեն խաղաղութիւն ի մէջ իւրեանց: Եւ ետ Արչիլ զՇամշոյտէ՝ որդւոյն իւրոյ՝ ամենայն թիմաւն: Եւ կինն Միրդատայ հաւատաց ի Քրիստոս եւ մկրտեցաւ. եւ շինեաց զուրբն Սիովն ի Շամշոյտէ, եւ էր անուն նորա Սակդուխտ:

Իսկ զեպիսկոպոսութիւնն յետ Եղիայի կալաւ Յունան, եւ զկնի նորա Գրիգոր, եւ յետ նորա Բարսեղ, եւ զկնի նորա Մուշիղ, որ էր յազգէ Պարսից. եւ ոչ էր նա կատարեալ յերկիւղ Տեառն, այլ ի ծածուկ վարէր զմոգութիւնն, եւ ոչ քարոզէր եւ ոչ յորդորէր զժողովուրդն յաստուածպաշտութիւն, այլ գրէր գիրս ուսման աղանդոյն մոգութեան: Եւ ոչ կարացին գիտել զայն Արչիլ եւ որդի իւր, զոր յետոյ իմացեալ՝ գրեաց Միքայէլ եպիսկոպոսն:

Հանգեաւ ի Քրիստոս բարեպաշտութեամբ Արչիլ. եւ թագաւորեաց Միրդատ որդի նորա՝ հայրանման առաքինութեամբ: Եւ եղեւ նմա դուստր մի Խորանձէ անուն. եւ խնդրեցին ի Տեառնէ արու զաւակ. եւ յետ չորից ամաց եղեւ նոցա որդի, եւ կոչեցաւ Վարախսարովթանգ ի Պարսից լեզուն, եւ Վրաց լեզուաւն ասիր Վախթանգ. եւ արարին խնդութիւն մեծ եւ բաշխս աղքատաց, եւ ետուն գոհութիւն Աստուծոյ: Եւ զարգացեալ մանկանն՝ սնուցանէր զնա սպայապետն Սայուրմակ:

When all heard this they blessed the holy Trinity in Its glory, and renovated the churches. Now since the Iranian king was warring with India, the Sindians, and Ethiopia, he was unable to [fight] Iberia. Arch'il's son, Mihrdat, a brave and successful [warrior] destroyed and demolished the Iranian regions, but was unable to capture fortresses or cities. The military commander of Aghuania, Barzabot', gave his daughter in marriage to Mihrdat, and so they made peace between them. Arch'il gave Shamshoylte and its entire diocese to his son. And Mihrdat's wife believed in Christ and was baptised. Her name was Sakduxt, and she built the [church] of St. Sion in Shamshoylte.

As for the episcopacy, after Eghia it was held by Yunan, followed by Grigor, Barsegh and then Mushid, who was an Iranian. The latter was insufficiently pious of the Lord; quite the contrary, he secretly held magianism. He neither preached nor encouraged the people to piety, but rather wrote books on the study of magian doctrine. Arch'il and his son were unable to find out about [his leaning] but subsequently the bishop Mik'ayel discovered and wrote about it.

Arch'il piously reposed in Christ, and his son Mirdat[40] ruled, a virtuous man like his father. He had a daughter, named Xorandze, yet they requested a male child from the Lord. After four years a son was born to him who was named Varaz-xosrovt'ang in Iranian, or Vaxt'ang in Georgian. They rejoiced exceedingly, gave to the poor, and thanked God. The lad grew and the spayapet Sayurmak nourished him.

---
40 *Mirdat:* Mithridates/Mihrdat V, 435-447.

CHAPTER XII

Եւ մեռաւ Միրդատ, եւ մնաց Վախթանգ եօթնամեայ: Եւ զահի հարաւ մայր նորա Սակդուխտ ի հօրէ իւրմէ՝ թէ քինախնդիր լինի վասն թողլոյն իմ զմոգութիւնն, եւ աւերմանն Պարսից՝ յառնէ նորա Միհրդատայ. եւ յանձնեալ զտղայն, չոգաւ առ հայրն իւր աղաչել զնա, զի ներեսցէ նմա վասն իրացն եղելոց: Եւ աստ ցնա Բարզաբաթ. թողեալ քեզ զվնասն վասն ամենայնի. բայց դարձիր ի տուն քո. եւ ես դնեմ զօրէնսս Պարսից ի Վիրս, եւ ի կամս ապստան արարից ընտրել իւրաքանչիւր զհաճոյն իւր, կամ զմերն եւ կամ զՎրացն: Եւ նոյնժամայն առաքեաց պաշտօնեայ կրակի ի Մցխիթա, եւ քրմապետ մի Բինքարան կոչեցեալ. եւ եկեալ նստան ի Մոգթա: Իսկ Սակդուխտ վարէր զթագաւորութիւնն կամօք հօր իւրոյ, մինչեւ մեռաւ նա. եւ էառ զիշխանութիւնն նորա Վարզաբակուր որդի նորա, եղբայր Սակդխտոյ: Մեռաւ եւ սպայապետն Սայուրմակ, եւ էառ զպատիւ նորա Ջեւանշէր: Իսկ քրմապետն ջանայր ի կրօնս իւր դարձուցանել զՎիրս. եւ ոչ հայէր ի նա, բայց ի սակաւուց յաննշան արանց, որք կորուսին զկեանսն իւրեանց: Յաւուրսն յայնոսիկ մեռաւ Մուշիդ եպիսկոպոսն, եւ կալաւ զտեղի նորա Միքայէլ, որ էր ի Յունաց, որ ժրութեամբն իւրով պահեաց զերեւելի արսն ի հաւատս ճըշմարիտս:

Mihrdat died when Vaxt'ang was but seven years old. The child's mother Sakduxt was terrified that her father would try to avenge her apostasy from magianism and the destruction done to Iran by her husband, Mihrdat. So she gave up the boy and went to her father, beseeching him to forgive her for what had happened. And Barzabat' said to her: "All the damage done is forgiven you. But now return to your home, and I shall implant the Iranian faith in Iberia and I shall secure things so that [people] may willingly choose what pleases them, either our [faith] or the Iberian." He immediately dispatched a fire-attendant to Mts'xet'a and a chief priest, named Bink'aran. They came and resided in Mogt'a. Then Sakduxt ruled the realm according to her father's will until he died. His son, Varaz-Bakur, Sakduxt's brother, took his place. The spayapet Sayurmak also died and his position was taken by Jewansher. Now the chief-priest tried to convert Iberia to his own faith. But no one paid attention to him, excepting a few insignificant people who ruined their own lives. In this period bishop Mushid died and his place was taken by Mik'ayel who was from the Byzantines and who, by his diligence, kept prominent people in the true faith.

ԺԳ

Յայնմ ժամանակի ելին Օսքն ընդ դրունս Դարբանդայ, եւ գերեցին զամենայն Քարթլ, ի գետոյն Կուրայ ի գլխոցն մինչեւ զԽունան. եւ մտին ի Մովկան եւ ի յԱռան, եւ գերեցին. եւ տարան զքոյրն Վախթանգայ զՄիհրանադուխտ: Ելին եւ Յոյնք, եւ առին ի ներքոյ ջրոյն Եգրայ՝ մինչեւ ցբերդն Քուջայ. եւ ամենայն տունն Վրաց մտին ի սուգ անհնարին, եւ ասեն. վասն մեղաց մերոց յաճախեցին մեզ չարիք. զի ոչ պահեցաք զաւանդն Քրիստոնէութեան, որպէս եւ հարքն մեր:

Եւ մանուկն Վախթանգ էր ջերմ ի հաւատս քրիստոնէութեան, եւ խոցոտեալ լինէր՝ զի եղաւ տուն կրակի ի Քարթլ, եւ յիրաւի պաշարեալ ունին զմեզ վիշտքս այս. եւ էր ամաց հնգետասանից: Եւ հաւաքեալ առ ինքն զամենայն մեծամեծսն՝ մխիթարէր զնոսա եւ ասէր, եթէ Հայրենի կամօք խրատեաց զմեզ Աստուած ի փրկութիւն եւ ի զգաստութիւն. եւ արդ յայսմհետէ դարձիք յիւրաքանչիւր չարեաց, եւ դառնայ առ մեզ Տէր գթութեամբ: Եւ թէպէտ ոչ տեսէք յիս բարի ինչ, զի մանուկ եմ ես, այլ զհարցն իմ զերախտիս յիշեցէք, եւ մի՛ յուսահատիք ի Տեառնէ վասն տղայութեան իմոյ, զի օգնէ մեզ Տէր Աստուած մեր՝ վասն անուան իւրոյ եւ աղօթից հարցն մերոց:

Եւ առաքեաց առ եղբայր մօր իւրոյ Վարզաբակ՝ խնդրել օգնութիւն ի վերայ Օսաց. եւ առաքեաց նմա երկոտասան հազար վառեալս: Եւ ինքն Վախթանգ ձայն տուեալ յամենայն Վիրս, ժողովեաց ընդ հեծեալ եւ ընդ հետեւակ՝ հարիւր եւ վաթսուն հազար. եւ աղօթեաց զեօթն օր պահօք եւ հսկմամբ գիշերաց, եւ տուրս տալով կարօտելոց:

XIII

In this period the Ossetians came through the Darband gates and captured all of K'art'li from the head of the Kur river to Xunan. They entered Movkan and Aghuania and took captives [including] Mihranduxt, Vaxt'ang's sister. The Byzantines also arose and took [territory] from below the Eger water to fort J'uji. All Iberia mourned unbelievably and said: "It is due to our sins that evils are being visited upon us for we do not keep the Christian faith the way our fathers did."

The lad Vaxt'ang was devout in the Christian religion. He was wounded by the fact that a fire-temple had been placed in K'art'li and that indeed such sorrows had beset us; [Vaxt'ang] was fifteen years old. He assembled all the grandees and consoled them, saying: "It was with a Paternal intent that God advised us toward salvation and sensibility. Hereafter if each of you turns away from evil, the Lord will turn toward us with kindness. Perhaps you may see no goodness in me because I am a lad, but remember the service of my fathers and do not despair of the Lord because of my boyhood, for the Lord our God shall help us because of His Name and the prayers of our fathers."

He sent to his mother's brother, Varaz-bakur, requesting aid against the Ossetians. The latter sent him 12,000 armed men. Then, notifying all Iberia, Vaxt'ang himself assembled 160,000 cavalry and infantry and prayed for seven days, fasting and keeping night vigils and giving alms to the needy.

Եւ յանձն արար զթագաւորութիւնն մօրն, եւ թէ մեռանիմ, ասէ, ի պատերազմիս, առցէ զթագաւորութիւնս Միհրան՝ թոռն Տրդատայ, առեալ զքոյր իմ Խորանձէ ի կնութիւն:

Եւ գնաց ինքն ի Թիանէթ. եւ եկին առ նա բնակիչքն Կովկասու յիսուն հազար. եւ չոգաւ եւ էանց ընդ դուռն Դարիալայ, եւ մտաւ ի դաշտն Օսէթայ, եւ նստաւ յայնկոյս գետոյն Արագու: Եւ Օսքն ժողովեալ զազգն Խազրաց, եւ եկեալ բանակեցան յայնկոյս գետոյն՝ զաւուրս եօթն: Եւ մենամարտիկքն աստի եւ անտի փորձէին զմիմեանս. եւ յեւթներորդում աւուրն այր մի ի Խազրաց՝ Թարխան անուն՝ ելանէր եւ կոչէր զոք որ կարողն իցէ ի զօրացն Վախթանգայ: Եւ ընտրեցին պարսիկ մի, որ բազում քաջութիւնս ցուցեալ էր նորա. եւ ի հանդիպելն միմեանց՝ եհար զնա Թարխանն ի վերայ գագաթանն եւ ճեղքեաց յերկուս. եւ էր անուն նորա Փարսման-Փախուր: Եւ տրտմեցաւ յոյժ թագաւորն Վախթանգ, եւ մտեալ ի վրանն՝ կարդաց արտասուօք զԱստուած զգիշերն: Եւ ի լուսանալ առաւօտուն՝ ելանէր Թարխանն դարձեալ նախատել, եւ վատթարելով զՎախթանգ. եւ ոչ գտաւ ոք յօժարել ի սիրտ՝ կռուել ընդ նմա:

Իսկ ապա Վախթանգ անկաւ ի վերայ երեսաց իւրոց, եւ ելաց առաջի Տեառն. եւ յարուցեալ կազմեցաւ. եւ կնքեաց զինքն խաչիւն Քրիստոսի, եւ ոչ լուաւ՝ որք արգելուին զնա՝ որպէս զմանուկ եւ զանփորձ, այլ ասաց. Օգնեցէ՛ք ինձ աղօթիւք, զի Տեառն է պատերազմ, եւ նա է յոյսն իմ եւ վստահութիւն եւ արուեստ ձեռաց:

Եւ յարձակեալ ի վերայ Թարխանին՝ եհար նիզակաւն ի վերայ միջոյն, եւ շեշտակի հանէր ընդ թանձրութիւն զրահիցն եւ մարմնոյն՝ ՛ի միւս կողմն. եւ անկեալ յերիվարէն՝ սատակէր: Եւ Վախթանգ ի տեղւոջն անկանէր յերեսս, եւ ասէր. Օրհնեալ ես Տէր իմ, Քրիստոս Աստուած, որ առաքեցեր զհրեշտակս քո, եւ սատակեցեր զհայհոյիչսն քո: Եւ կրտրեալ զգլուխ նորա՝ տարաւ առ զօրս իւր, ի վեշտասան ամի տիոց իւրոց:

He entrusted the kingdom to his mother and said: "Should I die in battle, let Trdat's grandson, Mihran, take the throne and marry my sister, Xorandze."

Then Vaxt'ang went to T'ianet'. Fifty thousand inhabitants of Caucasus came to him. He went through the Darial gates, entered the Ossetian plain and encamped on the far side of the Aragoy river. Now the Ossetians had mustered the Khazars and they came and encamped on the opposite bank of the river for seven days. Single-combatants on both sides tested one another. On the seventh day a Khazar named T'arxan arose and challenged someone from Vaxt'ang's army. They selected an Iranian who had displayed much courage to [Vaxt'ang]. When the two met, T'arxan struck him on the skull and split it in two. The [Iranian's] name was P'arsman-P'axur. King Vaxt'ang was deeply saddened. He entered [his] tent and that night tearfully prayed to God. At daybreak, T'arxan arose to insult and dishonor Vaxt'ang. He found no one willing to fight with him.

Then Vaxt'ang fell on his face and wept before the Lord. He wanted to fight, and he crossed himself. He did not heed those who would prevent him as an untried lad; rather, he said: "Help me with prayers, for this battle belongs to the Lord. He is my hope, confidence and dexterity."

Then, attacking T'arxan, he struck him in the middle with a spear which went right through the thick armor and the body and out the other side. Falling from his horse, [T'arxan] died. Vaxt'ang prostrated himself right there and exclaimed: "Blessed art Thou my Lord, Christ God, Who sent Your angel and killed Your defamer." Cutting off [T'arxan's] head, he took it back to his army, in the sixteenth year of his youth.

CHAPTER XIII

Եւ ի միւս այլ օրն՝ այր մի հսկայազն էանց յայսկոյս գետոյն, եւ խնդրէր զՎախթանգ. եւ զօրութեամբն Քրիստոսի՝ զնա եւս դիաթաւալ յերկիր ընկենոյր: Եւ ապա յարձակեցան զօրքն, եւ հարին զՕսք եւ զԽազրիկքն, եւ մաշեցին զնոսա ի սուր սուսերի իւրեանց. եւ մտին յաշխարհ նոցա ի գիւղս եւ ի քաղաքս, եւ յաւարի հարին եւ գերեցին զնոսա. եւ մտին ի Բաջանէթ եւ ի Ջիքէթ, որ է ներքոյԱփխազեթոյ, առին եւ գերեցին զնոսա: Իսկ թագաւորքն Օսեթոյ փախուցեալք յամուրս՝ առաքեցին դեսպանս առ Վախթանգ՝ առնել հաշտութիւն եւ տալ զգերեալսն Օսաց, եւ առնուլ զՔարթլացն. եւ լուաւ նոցա, եւ ետ զՕսսն երեսուն հազար, եւ էառ զիւրն երեքհարիւր յիսուն հազար, եւ զքոյրն իւր Միհրանդուխտ. եւ առաքեաց զնոսա ընդ ճանապարհն Դարիալայ. եւ զզօրսն Պարսից եւ Կովկասայ դարձոյց ի յաշխարհն իւրեանց բազում աւարաւ: Եւ ինքն զօրօք իւրովք զամս երիս արար պատերազմ ընդ Ափխազեթոյ գաւառսն, եւ էառ զամրոցսն ամենայն. զի թագաւորն Լեւոն անպարապ էր ի Պարսից կողմանէն: Եւ ապա դարձաւ ի Մցխիթա խնդութեամբ եւ ուրախութեամբ. եւ արար տօն ցնծութեան ի փառս Աստուծոյ մերոյ Քրիստոսի, տալով տուրս աղքատաց: Եւ արձակեաց ընծայս թագաւորին Պարսից՝ քսան հազար երիվարս, եւ ծառայս տասն հազար՝ ի ձեռն քրմապետին, եւ խնդրեաց զդուստր նորա իւր ի կնութիւն: Եւ եղբօր մօր իւրոյ երկու հազար երիվար, եւ հազար ծառայս: Եւ թագաւորն Պարսից տեսեալ զաջողութիւն նորա, ետ նմա զդուստր իւր Բալենդուխտ, եւ զլեառն Կովկասու ի հրամանս նորա. եւ գրեաց զնախերգանս թղթոյն այսպէս. յՈրմզդէ Շահիջանայ առ Վախթանգ Վարնխոսրովթանգ, ախոյեան տասն թագաւորաց՝ խնդալ: Արարի զոր խնդրեցերն. այլ զօրացիր եւ քաջ լեր՝ կալով ընդդէմ Յունաց, առեալ զքեռին քո ընդ քեզ:

Now the next day a gigantic man crossed the river and requested Vaxt'ang [in combat]. By the strength of Christ, [Vaxt'ang] downed him also. Then the troops attacked, struck the Ossetians and Khazars, and put them to the sword. They entered village and city of their land, took booty and captives. They entered Bajanet' and Jik'et' which is below Abkhazia, taking them and making captives of them. Then the Ossetian kings who had fled into strongholds, sent emissaries to Vaxt'ang to make peace [under the terms that Vaxt'ang] return the captured Ossetians and receive back the K'art'velians. [Vaxt'ang] agreed to this: he gave 30,000 Ossetians and received back 350,000 plus his sister, Mihranduxt. He sent them over the Darial road and sent the Iranians and Kovkas troops to their lands with much booty. He himself with his own army warred for three years against the district of Abkhazia and captured all the strongholds, for king Lewon was occupied with the Iranians. Then [Vaxt'ang] returned to Mts'xet'a in happiness and delight and held a feast of rejoicing to the glory of Christ our God, giving gifts to the poor. He sent presents to the King of Iran—20,000 horses and 10,000 servants through the chief priest, and he requested his daughter in marriage. [He sent] to his mother's brother 2,000 horses and 1,000 servants. When the Iranian king saw [Vaxt'ang's] success he gave him his daughter, Baleduxt, and placed Mt. Kovkas under his command. He wrote the following prologue in his letter: "From Ormzd Shahijan to Vaxt'ang Varnxosrovt'ang, champion of ten kings, rejoice! I have done as you requested. Grow strong and remain brave. Go against the Byzantines and take your uncle with you."

Եւ արար Վախթանգ հանդէս զօրաց երկուհարիւր հազարաց, եւ եկ ընդ Հայս, զի եւ նոքա եւս առեալ էին զնոյն պատուէր: Եւ եկին նախարարքն Հայոց ընդ նոսա՝ Տրդատ Արշակունի եւ Արեւ Սիւնեաց տէր եւ Ջուանբեր Վասպուրականի եւ Համազասպ Տարօնոյ, Գրիգոր եւ այլք ընդ նոսա. եւ չոգան ի Կարախպուկա, եւ թողին ի վերայ նորա իշխանս երկուս՝ երկոտասան հազար հեծելօք՝ պատերազմել ընդ նմա, որ է Կարնոյ քաղաք. եւ չոգան ընդ միջերկրայս մինչ ի Պանդոս, եւ առին երիս քաղաքս:

Եւ պատուէր ետ Վախթանգ զօրացն մի՛ զոք սպանանել զանօրինացն պարտն, որք Քրիստոսի երկրպագուքս են իբրեւ զմեզ: Քանզի հաւն իմ յորժամ եկ ընդ Պարսից թագաւորին ի Յոյնս, եւ հասին մինչեւ յԱնձիանձու, ուր գերեզման սրբոյն Գրիգորի է, եւ ձեռնարկեցին յեկեղեցւոյ մանկունսն՝ յաղթահարեալք եղեն, եւ դարձան ամօթով սակաւք ի բազմաց: Եւ տասնօրեայ ճանապարհաւ անցեալ ընդ այն՝ եկաք մեք այսօր մինչ ի Կոստանդնուպօլիս, ուր հաւատացեալ ի Քրիստոս թագաւորն Կոստանդիանոս յաղթեաց բիւրուց բազմաց՝ խաչին նշանաւ: Եւ մեծն Տրդատ թագաւորն Հայոց պատուհասեալ ի Տեառնէ, վասն տանջելոյն զսուրբ Լուսաւորիչն եւ զսուրբ տիկնայսն, եւ ծանուցեալ զՔրիստոս՝ ոչ յաղթահարեցաւ յումեքէ մարդոյ. զոր գիտէք դուք իսկ, քաջքդ Հայոց, թէ որպէս հսկայն եւ նըշանաւորն յամենայն ազգս Տրդատ՝ թիկմամբ բեռնարկեալ՝ շինէր տուն Աստուծոյ: Գիտէք եւ զպիղծն Յուլիանոս սատակեալ ի Պարսս. եւ Յուբիանոս էառ զթագաւորութիւնն. եւ ասաց Տէր ցՊարսից թագաւորն. Մի՛ կռուիր ընդ Յուբիանոս, զի չտամ զնա ի ձեռն քո:

Vaxt'ang held a military review of 200,000 troops and went through Armenia, for they too had the same order. The Armenian naxarars came to them: Trdat Arshakuni, Arew lord of Siwnik', Juanber Vaspurakani, Hamazasp of Taron, Grigor and others besides. They went to Karaxpula—which is Karin city—and left two princes there with 12,000 cavalry to fight against it. They then went through the middle country as far as Pontus and took three cities.

And Vaxt'ang ordered the troops not to kill any of the impious folk needlessly [saying]: "They worship Christ the way we do. For when my grandfather arose with the Iranian king [and went] to Byzantine lands reaching as far as Andziandz—where the tomb of saint Grigor is—they attacked the church clerics, and were then vanquished and but few of the many returned home in shame. Having traversed a ten days' journey by that route we have reached today as far as Constantinople (where king Constantine, believing in Christ, conquered multitudes by the sign of the Cross). Trdat the Great, king of Armenia, was punished by the Lord for torturing the blessed Illuminator and the holy women, but when he recognized Christ no man could conquer him. You brave Armenians yourselves know how Trdat, a giant renowned among all peoples, bore loads on his own shoulders and built a house of God. You know how the loathsome Julian was killed in Iran and that Jovian took the realm. And the Lord said to the Iranian king: 'Do not fight with Jovian, for I shall not give him into your hand.'

«Եւ դուք, բնիկքդ Վրաց եւ Պարսից, գիտէք զնախնին ամենայն թագաւորաց զՆեբրովթ, որպէս գրեալ է զնմանէ, եթէ զաւրիւծ եւ զայծեամն ի հետեւակուց ըմբռնէր նա, եւ զամենայն երէ եւ զգազան. եւ վասն այսորիկ ամենայն ազգ հնազանդեցան նմա. եւ շինեաց զաշտարակն ի սեանց ոսկւոյ, եւ յարծաթի սարսխոյ եդեալ զհիմունսն, կպերբ եւ աղիւսով պատելով զայն. եւ ի պատուհանսն դնելով ակունս լուսատու՝ յակինթս եւ զմրուխտս, զի գիշեր մի՛ լիցի ի փոխ-րափոխնցս նորա, եւ ի տաճարս եւ ի սենեակսն՝ զոր շինէին ի մէջ նորա. եւ զբարձրութենէն ասեն թէ երեքօրեայ ճանապարհ էր ընդ ելս աստիճանացն՝ մինչեւ ցմուտ դըրանն. եւ այնչափ տարան վերացուցին զկատարն՝ անցուցանելով ընդ կենսաբեր օդն, եւ մտանել ելանել ի մղձկուտ եւ ի վնասաբեր կայանս աստեղաց, ուր շրջագայութեամբ եթերոյն բորբոքէր տեղին. եւ ոսկին եւ արծաթն՝ զոր ընդ մէջսն տանէին՝ հալել սկսաւ, եւ խարշատէին շինողքն: Եւ անդ իմացան զիմաստս եւ զխորհուրդ եւթն կամարաց աստեղացն, եւ շատ ինչ հանճարս, զի մի՛ ընդ վայր լիցի՝ առ Աստուած դիմելն նոցա:

Եւ ի պարսիկ լեզու գայր ապա ձայն առ Նեբրովթ, որ ասէր ցնա. Ես եմ Միքայէլ՝ որ ասեմ քեզ բանիւ Տեառն. ե՛լ եւ գնա այտի, զի ահա ձեռագործդ այդ հասաւ հանդէպ դրախտին. բայց լեառնս այս՝ ուր կաս ես՝ միայն անջրպետէ զդրախտն, ընդ որոյ ստորոտն ելանէ արեգակն: Եւ ընդ այս ելանեն գետքն Նեղոս եւ Փիսոն. Գեհոն բերէ անուշահոտ ծխանելիս, եւ բանջարս խոտոյ, որ խառնի ընդ մուշկս, զոր կազմեն մարդիկ ի պատրանս ռնգաց ի հոտ անոյշ:

"You native Iberians and Iranians know what is written about Nimrod, the first of all kings, that on foot he would seize the lion and mountain goat, all the deer and [other] beasts. Consequently, all peoples submitted to him. He built a tower of golden columns, placing a silver base at the foundation and covering it with calk and brick. He put luminous gems in the windows, hyacinths and emeralds, so that at night it would not be dark in the temples and rooms which they built in it. And they say that its height required a three-day journey upward from the first step to the entrance. So high did they raise the summit that, passing through the life-giving air, they entered the suffocating, harmful stations of the stars where, from the turning of the ether, the place became heated and the gold and silver which they were leading through it started to melt, and the builders burned. There they learned the wisdom and mystery of the seven arcades of the stars [the zodiac] and many brilliant things, so that they would not appeal to God in vain.

"Then a voice spoke to Nimrod in Persian: 'I am Mik'ayel who speaks the Lord's words with you. Arise and go thence, for behold that work of yours has come up to Paradise. But this mountain I am on is but the border of Paradise from whose base the sun rises. From this arise the rivers Nile and Phison. Gehon brings fragrant incense and herbs which people mix with musk to tantalize the [sense of] smell and to create perfume.

«Արդ դու թէ յիրաւի ցանկաս երթալ ի բարձրութիւնս երկնից՝ տեսանել զԱստուած, գնա կա՛ց ի սահմանի բնութեան քո ի խոնարհութեան մտաց, եւ ի վերայ՝ ուստի ստեղծար, եւ բնակեաց ի մէջ գետոյդ Եփրատայ եւ Ջիլասայ, եւ թո՛ղ զմարդիկդ գնալ յո՛ եւ կամիցին. բայց յԱստուծոյն մի՛ գնացեն. եւ ի պատշաճ ժամու գայ առ ձեզ Տէրն ձեր ի խոնարհ, եւ գտանի ի մէջ այպանողաց եւ կատաղի ժողովրդոց, եւ ի նոցանէ ատեցեալ մեռանի. եւ գայ գտանէ զձեզ ի մէջ դժոխոց ի Տարտարոսն, եւ հանէ զձեզ անտի, եւ յարուցեալ ի մահուանէ՝ շինէ ձեզ աշտարակ եւ սանդուխս ելանելոյ առ Աստուած։

Եւ զայս ասացեալ՝ էարկ զնոքօք ի հոտոյ դրախտին, եւ արբեցան զմայլեցան եւ մխիթարեցան. եւ մոռացան զխորհուրդս եւ զլեզուս՝ զոր գիտէին յառաջն՝ եւթն լեզուս. եւ առին օտար լեզուս՝ ըստ թուոյ իւրեանց։ Եւ թողեալ զքաղաքն եւ զաշտարակն՝ զոր շինէին, գնացին յաշխարհն իւրեանց. Թորգոմ ի Թորգոմեանսն, Սիդոն ի Սիդէթ, Բերձեանք ի Բերձանս, Յոյնք ի Յունէթ, Ազ եւ Մադ՝ յԱզմազուզէթ, Պարսք ի Պարսս, եւ այլք յայլս։ Եւ այս բանք չեղեւ յայտնապէս ասացեալ, այլ գրեցաւ եւ պահեցաւ ի ծածուկ՝ որպէս խորհուրդ. եւ ես պատմեցի ձեզ ի յօգուտ, զի գիտասջիք եւ դուք Պարսքդ, եթէ չէք օտարք ի Քրիստոսէն մերոյ. եւ նախնին ձեր Բէլ, որ նա ինքն է Նեբրովթ, որ Կռոնոսն կոչի, ազատեալ է ի դժոխոց յԱստուծոյ մերոյ Քրիստոսէ. եւ դուք խնայեցէք յամենեսեան՝ որք բարձեալ բերիցեն զանուն նորա սուրբ, եւ մի՛ աւերէք զսուրբ տաճար նորա, զի մի՛ բարկութիւն նորա բորբոքեսցի ի մեզ։

"'Now you who rightly long to go to see God, [may not see Him; instead,] go to the borders of your realm and build and dwell between the Euphrates and Jilas [Tigris] rivers, and let your people go wherever they will. But do not let them [try to] go to God. At the proper time your Lord shall come to you in humility and be found among scorners and mad people and hated by them, He shall die. Coming He shall find you in Hell—Tartaros—and He shall remove you thence and, resurrected from the dead, He shall build you a tower and staircase to go to God upon.'

"Having said this, [the archangel Michael] cast about them the fragrance of Paradise, and they were intoxicated, enraptured and comforted. And they forgot their plans and the seven languages which they previously knew, and they adopted foreign languages according to their numbers. Abandoning the city and the tower which they were building, they went to their own land: T'orgom to the T'orgomeans; Sidon to Sidet', Berdzeank' to Berdzan; Yoynk' [the Greeks] to Yunet', Ag and Mag to Agmaguzet'; Parsk' to Persia, and others elsewhere. Such things were not openly spoken of but written down and kept secretly as wisdom[lore]. I have told you to be useful so that you Iranians also know that you are not strangers of our Christ. Your ancestor Bel, Nimrod himself, also called Kronos, [will be] freed from Hell by Christ our God. Spare all who carry His holy name aloft and destroy not His blessed temple so that His wrath not engulf us."

Եւ զայս ասացեալ՝ հրաման եհան յամենայն տեղիս՝ զի յայտ եկեսցեն թագուցեալքն, եւ մի՛ երկիցեն քրիստոնեայք ի սրբոյ. բայց զի զինչսն տայցեն ի դուրս եւ առցեն զգերիսն: Եւ ինքն զբազումս ի գերեացն զգեստաւորեալ՝ ազատեաց, եւ առաւել եւս զեկեղեցականսն, եւ տալով նոցա ըստ անձին երիս դահեկանս: Եւ զՊետրոս քահանայ եւ զՍամուէլ մոնոզոն, որք լեալ էին աշակերտք Գրիգորի Աստուածաբանի՝ առ իւր պահեաց.

Եւ ասէ ցՊետրոս. Յիսկզբան մտից իմոց ի Յոյնս՝ չետու բնաւ ձեռնարկել ի շինուածս տաճարաց Աստուծոյ:

Եւ ասէ Պետրոս. Աստուծոյ եկեղեցի՝ բանաւոր հօտ նորա է, զորս յետ սպանանելոյն՝ ոչ դու եւ ոչ այլ ոք կարէ կանգնել, իսկ շինուածս դիւրին է ում եւ կամ իցէ: Ո՞չ գիտես եթէ ամենայն մեղք սրբեցան ջրհեղեղաւն, եւ արիւնն Հաբելի տակաւին գոչէ առաջի Տեառն. եւ զամենայն վատթարութիւնս Հրէիցն անտես արարեալ, զարիւնն Զաքարիայ՝ որդւոյ Բարեքեայ խնդրել ասաց ի նոցանէ. եւ այսպիսի քանի արիւն անպարտ հեղաւ ի ձեռաց քոց:

Եւ ասէ Վախթանգ. պարտաւոր ցուցեր զիս դու, եւ ես մեղայ Տեառն:

Եւ ասէ քահանայն. Եթէ ճանապարհ բացեր բանիցս, մեղք քո եթող զքեզ. եւ այլ մի՛ եւս պատերազմիր ընդ որդիսն Աստուծոյ, եւ զհուրդ վառեալ ի քէն՝ դու շիջուսցես:

Եւ ասէ Վախթանգ. Խնդրեա յԱստուծոյ, զի յայսմ գիշերի տեսից զհաճոյսն Աստուծոյ:

Եւ Պետրոս ասէ. Այդ առաւել է քան զիս, բայց սրբոց յանձն արասցուք:

Having said this, [Vaxt'ang] ordered everywhere that those in hiding come forth and that the Christians not fear the sword, that they be given back their belongings and take back their captives. He himself clothed many of the captives and freed them, especially the clergy, giving three dahekans to each one. He kept with him the priest Peter and Samuel the monk, who were students of Gregory the Theologian.

[Vaxt'ang] said to Peter: "From the time of my entry into Byzantine lands, I did not allow any attacks on the churches of God."

Peter replied: "The [real] church of God is His rational flock which, after murder, neither you nor any other can lift up; but [destroying] structures is easy for whomever desires to do so. Do you not know that all sins were wiped away by the Flood and that Abel's blood still cries out before the Lord? All the wickedness of the Jews forgotten, the blood of Barek'a's son, Zak'aria, will be demanded from them. How much such innocent blood has been shed by your hands!"

Vaxt'ang replied: "You have shown me to be guilty and I have sinned against the Lord."

The priest said: "If you adhere to what you have just said, your sins will be forgiven you. But hereafter do not war against the sons of God and you [should] extinguish the fire which you ignited."

Vaxt'ang said: "Beseech God that tonight I shall see His pleasure."

But Peter replied: "That is beyond me, but we shall recommend [you] to the saints."

Եւ բարկացաւ Սամուէլ, եւ ասէ. Ո՞չ գիտես զբանն Քրիստոսի, որ ասաց ցՊօղիկարպոս. Եթէ ոչ երկմտէին եւ ծանրանային հրեշտակք, յամենայն քաղաքս եւ ի գիւղս խաչէի ես՝ ի կեցուցանել զամենեսեան: Եւ զի՞նչ ասէր Աստուած ցանօրէնն Աքազ. Խնդրեա դու քեզ նշան յԱստուծոյ քումմէ ի խորութեան կամ ի բարձրութեան: Եւ Քրիստոս ասաց. Զոր ինչ խնդրէք յանուն իմ արարից ձեզ: Եւ արդ դու թագաւոր՝ կցորդեա մեզ աղօթիւք, եւ լինի որպէս եւ կամիս:

Եւ ի ժամ երեկոյին ննջեաց թագաւորն աղօթիւք, եւ Պետրոս եւ Սամուէլ հսկեցին զգիշերն ամենայն: Եւ տեսանէր թագաւորն զսուրբն Նունի ի տեսլեան, զի ասէ ցնա. Արի՛ եւ ե՛լ ընդ առաջ, զի ահա գան առ քեզ թագաւորք երկնի եւ երկրի: Եւ բացեալ զաչս ի վեր Վախթանգ՝ տեսանէր զքաղաքն Բիւզանդիոն, ի նմա աթոռք երկու, եւ մանուկ մի եւ այր մի կատարեալ՝ նստէին ի վերայ նոցա, եւ այրն էր Գրիգոր Աստուածաբան. եւ ասէր ցնա. Մարդ չար, ընդէ՞ր հարեր զբանակս Տեառն, եւ կոտորեցեր զխաշինս նորա. եւ արդ, եթէ ոչ ակն առեալ էր իմ սրբուհւոյդ Նունեայ, կըրէիր դու զպատուհասն հարց քոց հրապաշտից:

Եւ ասէ Նինաւ ցՎախթանգ. գնա, անկիր յոտս թագաւորին: Եւ արար այնպէս. եւ նստոյց զնա առ իւր, եւ ետ ի ձեռս նորա մատանի՝ լուսատու ակամբ կազմեալ: Եւ Պետրոս եւ Սամուէլ կային երաշխաւոր Վախթանգայ, եթէ այլ ոչ մեղանչէ նա: Եւ կայր անդ խաչ փառազարդ, եւ թագ ի վերայ նորա:

Now Samuel grew angry and said: "Do you know not of Christ's love which said to Polykarpos: 'If the angels did not waver and grow angry, I would have been crucified in every city and village so that all might live.' And what did God say to the impious Ak'az: 'Seek a sign from your God in the depths or on the heights.' And Christ said: 'Whatever you seek in My name I shall give you.' Now king, pray with us and it shall be as you wish."

At night the king reposed, praying. Peter and Samuel kept watch the entire night. The king saw saint Nino in a vision, and she said to him: "Arise and come forth, for behold kings of Heaven and earth are coming to you." Opening his eyes and looking up, Vaxt'ang saw the city of Byzantium wherein were two chairs occupied by a lad and a grown man. The man was Gregory the Theologian, and he spoke: "Wicked man, why do you strike the Lord's army, why did you destroy His flock? If I did not respect saint Nino, you would have borne the same punishment as your fire-worshipping fathers."

Then Nino said to Vaxt'ang: "Go and fall before the king's feet." He did so. [The king] seated [Vaxt'ang] near himself and placed on his hand a ring made of a luminous gem. And Peter and Samuel were guarantors for Vaxt'ang, that he would sin no more. Also there was a glorious cross with a crown on it.

Եւ տեսանէր Վախթանգ զկայսրն՝ զի առնոյր զթագն ի խաչէն, եւ դնէր ի գլուխ նորա ասելով. Ահա քեզ երկրորդ պսակ: Եւ զայս ամենայն տեսեալ յերազի՝ որպէս եւ հայցեացն. եւ ապա զարթուցեալ փառք ետ Աստուծոյ: Եւ ի վաղիւն դառնայր առ Հայօք, եւ պատուիրէր մի՛ ումեք մեղանչել:

Բայց կայսրն Յունաց ել զհետ նորա ինն հազարաւ, եւ փախոյց ի զօրացն Վրաց: Եւ զայն տեսեալ քեռորդւոյ նորա Պարսկին, ասէ զՎախթանգ. Օձ, ծնունդ իժի, զի՞նչ է այս զոր արարեր. որպէս լուայ՝ մայր հօրն քո ի Յունաց աստի էր, եւ քարշեաց ժանտ սերմն զքեզ ի նոյն, եւ ի սէր մեռելոյն Յիսուսի՝ ահա կորուսեր զՊարսս. եւ չմնայ քեզ այդ:

Եւ ասէ Վախթանգ. Խաչեալն՝ Աստուած իմ է, եւ նա փրկէ զիս. եւ դու կարդա զհուրն, եւ մարտիր ընդ Յոյնսդ:

Եւ ինքն Հայօք եւ Վրօք առանձնացաւ: Եւ մարտեան Պարսք եւ Կովկասեանք ընդդէմ կայսեր, եւ յաղթեցան ի նոցանէ. եւ մեռաւ քեռին Վախթանգայ, եւ քսան եւ հինգ հազար պարսիկ, եւ Աջաջ թագաւորն Լեկաց, եւ յոլով նախամարտիկք ընդ նմա յիւրոցն. սպանաւ եւ գլխաւորն Ռանայ. եւ այն եղեւ բեկումն անհնարին ՙի կողմանն պարսից:

Յայնժամ ապա իջեալ ի կառացն՝ երկրպագեաց Քրիստոսի, ասելով. Քո է, Տէր, յաղթութիւն, եւ ոչ հրապաշտից եւ ամբարտաւանից:

Եւ ասէ ցՊետրոս. Բեր զխաչն եւ դիր այդր, եւ երկիր պագցեն ամենեքին որ ընդ իս են, եւ որ ոք ոչ հնազանդեսցի՝ մեռցի:

Եւ Բարզաւ թագաւորն Մովկանայ արհամարհեաց զխաչն եւ զբանն Վախթանգայ. եւ սպան զնա սպարապետն Վրաց Ջուանբեր. եւ ասէ ցամենայն զօրսն. Այս է մեր զօրութիւն եւ յաղթութիւն:

Եւ զարհուրեցան ամենեքեան, եւ ասեն. Եթէ տացէ մեզ յաղթութիւն խաչդ այդ, արհամարհեմք զամենայն պաշտամունս մեր, եւ զՔրիստոս պաշտեմք՝ որ կայ ի դմա:

Vaxt'ang watched the emperor remove the crown from the cross and place it on his head, saying: "Behold your second crown. He saw all of this in a dream as if he was [actually] seeing it [in a waking state]. He awoke and glorified God. The next day he returned by way of Armenia, and ordered that no one be harmed.

However the Byzantine emperor pursued him with 9,000 men and caused [soldiers] to flee from the Iberian forces. When Vaxt'ang's Iranian nephew (sister's son) saw this, he said: "Snake born of a viper, what have you done? As I have heard, your father's mother was from Byzantine lands and pulled you, rotten seed, in the same direction. For the love of the dead Jesus, lo, you destroy Iran. That shall not remain to you."

Vaxt'ang replied: "The crucified one is my God and He saves me. Worship the fire and battle with the Greeks."

Then [Vaxt'ang] drew apart, with the Armenians and Iberians. And the Iranians and Kovkasians warred against the emperor but were defeated. Vaxt'ang's uncle (mother's brother) died as did 25,000 Iranians, the Lek king, Ajaj, and many of his front-line fighters and the head of Aghuania. That was a terrible blow against Iran.

Then [Vaxt'ang] descended from his vehicle and worshipped Christ, saying: "The victory belongs to you, Lord, and not to fire-worshippers and the impious."

Then he said to Peter: "Bring the cross, place it over there, and let all who are with me adore it. Those who do not obey will die."

The king of Movkan, Barzaw, scorned the cross and Vaxt'ang's words, and the sparapet of Iberia, Juanber, killed him. He said to the entire army: "This is our power and strength."

All were terrified and said: "If that cross gives us power we shall then scorn all of our worship and worship Christ Who is in it."

Եւ ի նմին ժամու ելանէր Յոյն մի, Պօղիկարպոս անուն, քուերորդի կայսեր, եւ խնդրեր մենամարտիկ ի զօրացն Վախթանգայ: Եւ ոչ ոք վստահեցաւ ելանել, քանզի նա էր սպանող զօրագլուխն Պարսից: Ապա ասէ Վախթանգ. Առիւծ ընդ աղուեսու ոչ ելանէ, բայց զի ցուցցի զօրութիւն խաչիս Քրիստոսի՝ ելից ընդ քեզ:

Եւ կնքեալ զանձն նշանաւ խաչին, երկրպագեալ եւ համբուրեալ զնա, չոգաւ ընդդէմ Պօղիկարպոսի, եւ ասէ. Որովհետեւ գիտացեր եթէ երկրպագեաց զօրքս խաչին Քրիստոսի, եւ խնդրես տակաւին մարտնչել ընդ մեզ, ահա արիւն քո ի գլուխ քո:

Եւ մերձ երթեալ՝ եհար զնա, եւ ճեղքեաց յերկուս, եւ դարձաւ առ իւրսն՝ փառաւորելով զՔրիստոս: Դարձեալ ճակատել սկսան Յոյնք, եւ փախոյց զնոսա Վախթանգ մինչեւ ցծովն: Եւ յետ այսորիկ հանդէս արարին երկոցունց կողմանցն. եւ էին անկեալքն ի Յունաց, եւ արկեալ ընդ թուով՝ եօթնհարիւր ութսուն հազար, եւ առաքեցին զամենեսին առ կայսրն ի ձեռն Ներսեսի եւ Ատրներսեհի իշխանացն: Զոր տեսանել կայսեր՝ խնդաց. եւ եկն առ Վախթանգ, եւ երդուան միմեանց. եւ ետ կայսրն զԹուղարս եւ զԿլարճէթ, զոր առեալ էր ի Վրաց, եւ խոստացաւ տալ զդուստր իւր Վախթանգայ: Եւ դարձաւ Վախթանգ ի տուն մեծաւ խնդութեամբ:

Just then a Greek named Polykarpos, the emperor's sister's son, arose and sought single- combat with any one of Vaxt'ang's soldiers. But no one dared rise to this challenge, for he was the slayer of the Iranian military commander. Vaxt'ang said: "The lion does not fight with the fox; however, to show the strength of the cross of Christ I shall battle with you."

Making the sign of the cross, he adored and kissed it and then went against Polykarpos saying: "Since you know that the army has worshipped Christ's cross and yet you wish to fight us, let your blood be on your own head."

Approaching, [Vaxt'ang] struck at [Polykarpos] and split him in two and then returned to his own people, glorifying Christ. Once more the Byzantines started to mass, but Vaxt'ang sent them fleeing to the sea. After this both sides held a review. Seventy-two thousand had fallen on the Byzantine side. Assembling the captured Greeks, and counting them, they found 780,000, all of whom they sent to the emperor, under the direction of the princes Nerses and Atrnerseh. When the emperor saw this he was delighted. He came to Vaxt'ang and they swore an oath to each other. The emperor gave back T'ughars and Klarchet' which he had taken from the Iberians and promised to give his daughter to Vaxt'ang. And Vaxt'ang returned home in great joy.

ԺԴ

Իսկ թագաւորն Պարսից լուաւ զուխտ նորա ընդ Յոյնս. բարկացաւ յոյժ, եւ անձամբ՝ բազմութեամբ զօրաց՝ ի Յոյնս, եւ անդէն մեռաւ: Եւ թագաւորեաց որդի նորա. եւ ել ի վերայ Վախթանգայ. եւ կռուեցան ընդ միմեանս զամիսս չորս. մինչեւ եկն զօր ի կայսերէ ութսուն հազար, հանդերձ պարգեւօք:

Եւ զայն իմացեալ Պարսից թագաւորին՝ խնդրեաց հաշտութիւն ի Վախթանգայ, ասելով. Ընդէ՞ր կռուիմք վասն դենի. եթէ իցէ Աստուած հուրն՝ ինքնին առցէ զվրէժ իւր ի Խաչելոյն:

Եւ ասէ Վախթանգ. Ահա գիտես՝ զի ամենայն թագաւորք հարկս տային ձեզ, մինչեւ հաւատացին ի Խաչեալն, եւ նովաւ զօրացեալ յաղթեցին ձեզ՝ որք պաշտէք զկրակ, զոր ես շիջուցի աստ յաշխարհիս իմում, եւ առաքեցի առ քեզ զքրմապետ նոցա: Եւ արդ՝ Քրիստոս՝ Աստուած իմ է, եւ հուրն Աստուած քո իցէ՝ թէ կամիս. եւ ես ազգ Նեբրովթայ եմ, բայց դու ունիս զաթոռ նորա. հնազանդեցայց քեզ՝ որպէս հօր:

Եւ արարին այնպէս. եւ տուեալ միմեանց պարգեւս՝ տեսին զիրեարս: Եւ ետ Վախթանգ զքոյր իւր Միհրանադուխտ՝ թագաւորին Պարսից Խոսրովու ի կնութիւն. զի միւս քոյրն Խորազնէ առ Հայոց Պատիաշխոյն գրաւ էր: Եւ եղեւ միջնորդ Վախթանգ ընդ Յոյնս եւ ընդ Պարսս, եւ արար խաղաղութիւն ի մէջ նոցա. եւ եթող Խոսրով զԵրուսաղէմ ի Յոյնս: Այլ կինն Վախթանգայ՝ ծնաւ երկուորիս՝ արու եւ էգ, եւ մեռաւ ինքն. եւ կոչեցին անուն արուին Դաչէ: Եւ Վախթանգ արար ի վերայ ոսկիակազմ սաղաւարտին պատկեր գայլու եւ առիւծու. վասն որոյ ի ժամ պատերազմին տեսեալ զնա եւ ճանաչեալ՝ ասէին. Ի բաց եղերուք ի գայլէ եւ յառիւծու. եւ կոչեցաւ նա Գուրգասալ, այսինքն Գայլառիւծ՝ ի Պարսից լեզուն: Բայց յոյս նորա որ առ Քրիստոս Աստուած՝ փառաւորէր զնա հանապազ. զի կայսրն առաքեաց նմա մեծ շնորհակալութիւն եւ պարգեւս՝ ի ձեռն Լեւոնի զօրագլխի, եւ բազում ընծայս թագաւորին Պարսից:

XIV

Now the king of Iran heard about [Vaxt'ang's] oath with the Byzantines. He became enraged and went in person to Byzantine lands with a multitude of troops, and he died there. His son ruled. The latter arose against Vaxt'ang and they fought each other for four months until 80,000 troops arrived from the emperor, with gifts.

When the Iranian king heard about this he sought peace from Vaxt'ang, saying: "Why are we fighting about religion? If God is fire, He Himself will revenge Himself against the Crucified One."

Vaxt'ang responded: "Know that all kings pay you taxes [yet] they believe in the Crucified One. Strengthened by Him they vanquish you who worship fire, [fire] which I extinguished here in my land and [I] sent to you their [the Zoroastrians'] chief-priest. Christ is my God: let fire be your god if you wish. I am of the line of Nimrod, although you have his throne. I shall subdue you like your father."

This is what they did. They exchanged gifts and met together. Vaxt'ang gave his sister Mihranduxt in marriage to Xosrov, the Iranian king, for his other sister Xorazne was with the Armenian bidaxš[41] as a pledge. Vaxt'ang became a mediator between the Byzantines and the Iranians and made peace between them. Xosrov left Jerusalem to the Byzantines. Vaxt'ang's wife bore twins—a boy and a girl—and then she died. They called the boy Dach'e. Now Vaxt'ang made a helmet fashioned of gold, and on it, images of a wolf and a lion. During battle [the enemy] would see and recognize [the helmet] and say: "Stay away from the wolf and the lion." And they called him Gurgasal, that is Wolf-Lion in Persian. However, his hope was in Christ God Whom he always glorified. The emperor sent him great thanks and gifts through the military commander, Lewon, and many presents to the Iranian king.

---

41 *bidaxš*: border lord.

Յետ այսորիկ ստիպեալ ի սիրոյն Քրիստոսի՝ չոգաւ Վախթանգ յԵրուսաղէմ, ընդ իւր տանելով զմայր իւր եւ զքոյրն. եւ ողջունեալ զսուրբ տեղիսն՝ դարձան մեծաւ ուրախութեամբ, եւ եկն յԱնդակ: Եւ մեծարեաց զնա Պարսից թագաւորն՝ զի ի Պարսս երթիցէ մարբն եւ քերբն, զի արասցեն զհարսանիս քեռն նորա, զոր ետ ի կնութիւն Խոսրովու: Եւ գնացին ի Բաբելոն, եւ ընկալեալ եղեն մեծաւ պատուով, եւ արարին ուրախութիւն ամիսս վեց. եւ մեծամեծ պարգեւօք յուղարկեցին զմայրն Վախթանգայ: Եւ առեալ Խոսրովու զՎախթանգ՝ գնաց ի Ջուրջանէթ, ուր է մայրաքաղաքն Գելան. եւ արարին զնա անպարտ ի բնակչաց ազգին, եւ բնակեցուցին անդ Պարսիկ, եւ կան ի հարկի Պարսից մինչեւ ցայսօր: Եւ անտի գնացին ի Հնդիկս, եւ յաւարի հարին զընդարձակ տեղիսն, բաց ի քաղաքացն՝ որք կային ի վերայ ծովուն. եւ անդ եսպան Վախթանգ երկոտասան ըմբիշս. եւ առին հարկս՝ մուշկս եւ ամբարս հազար հազար լտերս եւ ծխանելիս, նաեւ եւ ակունս, զմըրուխտ եւ յակունթ՝ բեռն մի նաւի, եւ յոսկւոյն Սոփերայ հարիւր բեռն ուղտուց, եւ արծաթ՝ հինգհարիւր բեռինս, քանզի յամեցին զամս երիս:

Եւ գնացին անտի ի Սնդիկս. եւ թագաւորն Սնդկոյ ել ընդդէմ նոցա, եւ կոտորեաց ի զօրացն Պարսից զբազումս. սակայն զօրքն քրիստոնէից փախուցին զնոսա, եւ արկին ի Սինդա բերդն եւ քաղաք ամուր: Եւ ելանէր աւուր աւուր թագաւորն Սինդայ անձամբ ախոյեան. եւ զոր ելանէին ընդդէմ նորա՝ փութով սատակէր. եւ ջանայր որսալ զՎախթանգ: Եւ ի գիշերին արար գետնափորս ի դրան քաղաքին ծածուկս, եւ թաքոյց ի ներքս տասն այր ընտիր, եւ առաքեաց զմի ոք մենամարտ՝ զի խնդրեսցէ զՎախթանգ, եւ յարուցեալ արքն ի դիպող ժամու՝ կալցեն զՎախթանգ, եւ չոգաւ առ նա Սայուրմակ հեճուպն Վախթանգայ, եւ սպան զնա: Բայց ի դառնալն յետս՝ յարեան դարանամուտքն եւ սպանին զնա: Եւ տրտմեցաւ յոյժ Վախթանգ, եւ ելաց զնա որպէս զեղբայր սիրելի, զի սննդակից նորա էր:

After this, motivated by the love of Christ, Vaxt'ang went to Jerusalem, taking his mother and sister with him. Having revered the holy places, they returned with great joy. [Vaxt'ang] came to Antioch. The Iranian king exalted him so that he go with his mother and sister to Iran and hold the wedding of the sister whom he had given to Xosrov. They went to Babylon, were received with great honor, and celebrated for six months. With very great honors they sent Vaxt'ang's mother [home]. Xosrov took Vaxt'ang and went to Jurjanet' the capital of Gelan. They depopulated it of its inhabitants and settled Iranians there; and to the present they are tributary to the Iranians. Thence they went to India and looted large areas, excepting the coastal cities. There Vaxt'ang slew twelve wrestlers, and they took as tribute musk and 100,000 lters of amber and incenses, boats, gems, a boat full of emeralds and hyacinths, 100 camel-loads of Sovp'er gold, and 500 loads of silver, because they had remained there for three years.

Then they went to Sndik. The Sindian king arose against them and killed many Iranian troops. However, the Christian troops put them to flight into the fortress and secure city of Sind. Every day the Sindian king personally came out for single-combat. Whoever came against him he quickly killed; and he tried to hunt out Vaxt'ang. At night, secretly, he dug beneath the city gate and concealed ten select men there, then he sent a certain single-combatant to challenge Vaxt'ang [and arrange matters] such that the men [hiding in ambush] would jump out at the appropriate time and seize Vaxt'ang. But Sayurmak, Vaxt'ang's chamberlain, went to the [challenger] and killed him. However, as he was returning, those lying in wait sprang out and killed him. Vaxt'ang grieved greatly and cried for [Sayurmak] as for a dear brother because he was nourished with him.

CHAPTER XIV

Զկնի այսորիկ եւ թագաւորն Սինդայ ի Պարսկն, եւ ասէ. Լսէ՛ զբանս իմ, արքայդ Վրաց, զի ասացից քեզ՝ թէ ո՛ւմ իցես դու նման. նման ես դու ագռաւուն, որ ա՛ռ զբազայն՝ փետտտեալ յայլոց ընկերացն իւր, եւ դարմանեաց զնա ի բոյն իւր, բերելով նմա մանր ճճիս եւ օձ. իսկ նա սակաւ մի կազդուրեալ՝ կալաւ զագռաւն եւ եկեր զնա՝ ասելով, եթէ Ոչ կարեմ զօրանալ այսպիսի կերակրով, մինչ ոչ եմ կերեալ թռչուն: Արդ դու զփետտտեալդ ի մէնջ եւ յայլոց՝ թեւաւորես հակառակ քոյոցդ հաւատոց քրիստոնէութեան:

Եւ ասէ ցնա Վախթանգ. Անմիտ դու եւ մուկն խլուրդ, որ ոչ ունելով աչս՝ կայ ի ներքոյ հողոյ, անմասն ի գեղեցկութենէ երկնի եւ երկրի եւ ճառագայթից արեգական, եւ ուրախ է ի կեանս. նոյնպէս եւ դու կոյր մտօք՝ ոչ տեսանես՝ զոր արարի ես. խնդաս ընդ ոչ տեսանելն՝ զոր արարի ես. զհաւատն իմ սերմանել ի տան հրոյ, ի գաւառն Պարսից կանգնել զքրիստոնէութիւն. եւ զԵրուսաղէմ իսկ զտեղի փառացն Քրիստոսի՝ առի ի պարսից՝ զտեղի ոտից Աստուծոյն իմոյ: Եւ ոչ եկի ի խնդիր փառաց եւ ընչից աշխարհականաց եւ ապականացուաց, ընդ որով թաղեալ կաս դու, որպէս խլուրդն ի ներքոյ հողոյ: Զի մեր իմաստութիւնն հրամայէ մեզ՝ դնել զանձինս ի վերայ եղբարց, զի եւ զաշխարհն իմ եւ զուրբ եկեղեցիսն պահեցի ի զգուշութեան, ի ծառայութիւն տալով զանձն իմ՝ ի թողութիւն մեղաց իմոց. եւ թէ յայսոսիկ մեռանիցիմ իսկ՝ ի մահուանէ ի կեանս փոխիմ:

Եւ ասէ ցնա թագաւորն Սինդայ. Եթէ հաւատաս այդմ՝ ե՛կ ապա ի դուրս, եւ փոխեցից զքեզ ի մահուանէ ի կեանս, որպէս զիշխանն քո՝ որ գնաց կարապետ քեզ:

Եւ ասէ ցնա Վախթանգ. Ե՛կ արտաքս, եւ նախ ես առաքեցի զքեզ ի խաւարն արտաքին՝ զօրութեամբ Քրիստոսին իմոյ, որ նա փոխելոց է զիս ի կեանն՝ յո՛րժամ եւ գիտէ:

After this the Sindian king went up onto the wall and said: "Hear me, king of Iberia, for I shall tell you whom you resemble. You are like a crow that takes a hawk, stripped of feathers by its other comrades, and heals it in its nest, bringing it small animals and snakes [to eat]. Yet when the hawk recovered somewhat it grabbed the crow and ate it, saying: 'I cannot grow strong on such food, unless I eat a bird.' You now, stripped of feathers by us and others, behave contrary to your Christian beliefs."

Vaxt'ang replied to him: "You are a fool, and a mole which, being eyeless, lives underground and, not partaking of the beauty of sky and land and the sun's rays, is happy with life. You, similarly, are mentally blind, and do not see what I have done. You laugh, not seeing what I have accomplished, implanting my faith in the fire-temple, establishing Christianity in the Iranian district. Furthermore I have taken Jerusalem, where the feet of my God [walked], the place of Christ's glory, from the Iranians. Nor did I come seeking glory and goods worldly and corrupting—the things you are mired in like a mole under the earth. For our wisdom commands us to risk our lives for brothers. I have carefully kept my land and blessed churches [in safety], putting my life into service for the forgiveness of my sins. And should I die in this, I shall pass from death to life."

The Sindian king said to him: "If you believe that, then come forth and I shall transfer you from death to life as your prince who went as your precursor."

Vaxt'ang replied: "Come out, and I shall first dispatch you to the outer darkness through the power of my Christ. He shall transfer me to life when He chooses."

Եւ գնացին դիպեցան երկոքեանն. եւ եհար Վախթանգ զՄինդայն նիզակաւն, եւ ընկէց զնա յերիվարէն, կարեվէր խոցեալ ի մահ. եւ առեալ զոտիցն՝ տարաւ զնա ի քարշ՝ առաջի թագաւորին Պարսից. եւ եղեւ ուրախութիւն մեծ, եւ գովութիւն նմա յամենեցունց: Եւ ածին ճարտար՝ բժշկեալ զնա ի վիրացն. եւ սակաւ մի ուշաբերեալ նորա, թողին զնա յիւրսն, եւ տարան: Եւ առին պատանդս երկուս յորդւոց նորա, եւ հարկս կրկին քան զՀնդկացն. եւ տուաւ այն ամենայն Վախթանգայ, եւ այլ բազում ընծայս: Եւ արարեալ հաշտութիւն՝ գնացեալ եկին ի Հաբաշէթ, յերկիրն Քուշացւոց՝ սահմանակցացն Պարսից, զկնի չորից ամացն զոր աւարին ի Հնդիկս եւ ի Սինդէթ: Եւ նստեալ կային ազգն Հաբաչեաց ի տղմուտ տեղիս եղեգանց՝ ուր ոչ կարէր կոխել չորքոտանի եւ ընթացք նաւի: Բայց հնարիւք իմն կըտրեցին զջուրն, եւ առին զնոսա եւ կոտորեցին. եւ հազար տուն ածին ընդ ինքեանս, եւ ցրուեցին յայլ եւ այլ տեղիս. եւ սոքա են ազգն Քրդաց եւ Քուշանքն, այլ եւ այլ են:

Եւ եկին ի սահմանս Հայոց եւ Յունաց: Եւ զի ընդ նոսա էր Լեւոն զօրավարն Յունաց՝ բազում զօրօք, չոգաւ նա յերկիրն իւր, տալով ընդ ինքեան դեսպանս, զի ածցեն զդուստրն կայսեր՝ ի կնութիւն Վախթանգայ, եւ զի ձեռնադրեսցեն զՊետրոս՝ կաթուղիկոս Վրաց, եւ զՍամուէլ՝ եպիսկոպոս: Եւ կայսրն եւ պատրիարգն Կոստանդնուպօլսոյ՝ առաքեցին զՊետրոս քահանայ եւ զՍամուէլ ֆրօնաւոր՝ յԱնտաք, զի անդ առցեն ձեռնադրութիւն, զի ձեր է, ասեն, վիճակն այն: Եւ կատարեալ զխնդիրն՝ արձակեցին զնոսա ի Վիրս:

Իսկ թագաւորն Վախթանգ չոգաւ ի Քարթլ. եւ ել ընդ առաջ նորա Դաչէ որդի նորա, եւ ամենայն փառաւորքն Վրաց, եւ արարին մեծ ուրախութիւն ի մտանել նորա ի Մցխիթա: Բայց եպիսկոպոսն Միքայէլ իբրեւ գիտաց եթէ կաթուղիկոս եւ եպիսկոպոս գան ի Վիրս՝ առանց կամաց նորա՝ դժուարացաւ. եւ պատճառանօք կշտամբէր զՎախթանգ, որպէս թէ երկրպագեալ է նա հրոյ:

They went and clashed with each other. Vaxt'ang struck the Sindian with a spear and threw him from his horse, wounding, [and almost] killing him. Taking him by the feet, [Vaxt'ang] dragged him before the Iranian king. There was great rejoicing and [Vaxt'ang] was praised before everyone. They brought forth a skilled man to heal his wounds. When they had revived him somewhat, they left him to his own people, took his two sons as hostages, and imposed taxes double [those imposed] on the Indians. All of this plus many presents besides were given to Vaxt'ang. Making peace they went on to Habashet', to the Kushan country on the borders of Iran, after spending four years in India and Sindet'. Now the Habashik' dwelled in a reed swamp where neither animal nor boat could penetrate. But by some strategem [the Iranian army] cut through the water, took and defeated them. They took 1,000 houses with them and dispersed them to various places. These are the Kurds and Kushans, varied and diverse.

And they came to the borders of Armenia and Byzantine lands. Because Leo, the Byzantine general, was with them with many troops, he went to his own country, taking emissaries with him [requesting] that they send the emperor's daughter as a wife for Vaxt'ang and that they ordain Petros kat'oghikos of Iberia, and Samuel as bishop. The emperor and the patriarch of Constantinople sent the priest Petros and the cleric Samuel to Antioch to be ordained there, "since", they said, "that is your diocese." Fulfilling the request, they sent them back to Iberia.

Now king Vaxt'ang went to K'art'li, and his son Dach'i and all the *didebuls*[42] of Iberia came before him and greatly rejoiced as he entered Mts'xet'a. But as soon as bishop Mik'ayel learned that a Catholicos and a bishop were coming to Iberia against his will, he was vexed. On a pretext he rebuked Vaxt'ang [claiming] that he had worshipped fire.

---

42 *Didebul*: "glorious lords" (Arm. փառաւորք, "glorious ones", "grandees").

Իսկ թագաւորն երդնոյր եւ աղաչէր զնա՝ եթէ Քրիստոս է իմ Աստուած ճշմարիտ, եւ մի՛ պարտաւորէր զիս զուր: Եւ եպիսկոպոսն ոչ լսէր նմա, այլ անէծ զնա եւ արար ընդ բանիւք:

Եւ ասէ թագաւորն. Թէպէտ եւ անմեղ եմ ի բանէ այտի, բայց են իմ ա՛յլ յանցանք առաջի Տեառն, եւ վասն այնորիկ խոնարհել արժան է ինձ առաջի նորա:

Եւ չոգաւ եւ անկաւ յոտս եպիսկոպոսին, եւ համբուրեաց եւ խնդրէր թողութիւն: Իսկ նա ա՛ռ ի նմանէ զոտն, եհար զբերան թագաւորին, եւ խլեաց ի յատամանց նորա:

Եւ առեալ զատամնն իւր թագաւորն՝ ասէ. Այդ գործ մեղաց իմոց էր եւ սատանայի, որ ամբարձ զքեզ ընդդէմ իմ. զի այդ ոչ է քո պատուիրանն՝ որ ասէ. Ձեղէգն ջախջախեալ մի՛ բեկցես, եւ զպատրոյգն առկայծեալ ո՛չ շիջուցես. եւ դու նախանձեցար ընդ Պետրոսի, եւ դու առեր զՅուդայի նախանձն:

Եւ առաքեաց զնա առ պատրէարգն Կոստանդնուպօլսի, եւ հանեալ ատամնն զկնի, զի արասցէ դատաստան առանց աչառանաց: Եւ տեսեալ զՄիքայէլ՝ պատրիարգին, ասէ ցնա. Ագահութեամբ մարտեար ընդ եկեղեցի իբր Յուդաս, եւ հեղեր արիւն, եւ այն՝ ոտիւք, եւ բերանոյ թագաւորին, եւ զշինուածն Աստուծոյ քակեցեր. եւ արդ մի՛ լիցիս արժանի քահանայութեան, զի մահապարտ ես տեառն քո: Եւ ընդէ՞ր ոչ լուար Պաւղոսի՝ որ ասէ. Հնազանդ եղերուք թագաւորի. որ եւ ասէ. Աղօթեցէ՛ք թագաւորի, ապա թէ ո՞չ գիտասջիք զի ոչ վայրապար ածեալ է սուսեր ընդ մէջ:

The king swore [oaths] and beseeched him, [saying]: "Christ is my true God. Do not condemn me falsely." But the bishop would not listen, and he cursed and excommunicated [Vaxt'ang].

The king said: "Although I am innocent of that thing, I have other sins before the Lord and therefore it is fitting that I humble myself before him."

So he went and threw himself at the bishop's feet, kissed [them] and requested pardon. But the latter drew back his foot, struck the king on the mouth, and knocked out a tooth.

Taking his tooth, the king said: "This is the work of my sins and of Satan who raised you up against me, for you do not follow your commandment which says, 'Destroy not the broken reed' and 'Do not snuff out the wick which is almost extinguished.' Rather, you envy Petros and share in the jealousy of Judas."

He sent him to the patriarch of Constantinople together with the tooth so that he would try him without bias. Seeing Mik'ayel, the patriarch said to him: "Like Judas, you greedily fought with the church and spilled blood, and from the king's mouth with your foot at that, and you pulled down the structure of God. Now you are unworthy of the priesthood, and worthy of the death of your lord. Why did you not heed Paul, who said: 'Obey the king', and also 'Pray for the king, otherwise know that it is not in vain that he puts the sword to work.'"

Եւ յաքսորս առաքեցաւ նոյնժամայն Միքայէլն: Իսկ Անտիոքու պատրիարգն ի ձեռնադրելն զՊետրոս կաթուղիկոս արար նմա եւ երկոտասան եպիսկոպոսունս. եւ նախ ի Կոստանդնուպօլիս գնացին, եւ առեալ բազում պարգեւս եւ զդուստր կայսեր զՀեղինէ, եւ այնպէս չոգան առ Վախթանգ: Եւ զուարճացաւ երկիրն: Եւ նստաւ կաթուղիկոս Մցխիթայ յեկեղեցւոջն՝ զոր շինեաց Վախթանգ՝ զՍիոն, եւ Սամուէլն նստաւ յեպիսկոպոսարանին Մցխիթոյ. եւ եպիսկոպոս մի նստաւ ի Կլարճէթ, եւ մի յԱրտահան, եւ մի ի Ջաւախէթ, եւ մի ի Մանկլիս, մի ի Բաւղնիս, մի յՌիշա, մի ի Սուրբն Նինաւ կոչեցեալն, ի վերայ դրանն Ուջարմոյ, մի ի Ջերամ, մի ի Չելթ, մի ի մէջ երկուց եկեղեցեացն, մի ի Խորնոյրոջ, մի ի յԱգարակ՝ հանդէպ Խունանայ: Եւ շինեաց Վախթանգ եկեղեցի ի Նիքօզ՝ ՚ի վերայ վկայարանին Ռաժդենոյ՝ պարսիկ սնուցողի առաջին կնոջն Վախթանգայ, որ հաւատաց ի Քրիստոս, եւ ի Պարսից բռնադատեալ վասն հաւատոցն՝ ոչ ուրացաւ զՔրիստոս, եւ սպանին զնա ի բարի դաւանութեանն իւրում՝ ՚ի փառս Քրիստոսի Աստուծոյ, եւ ի տեղւոջ վկայարանին նորա՝ եդաւ աթոռ եպիսկոպոսի: Իսկ Հեղինէ ծնաւ ի Վախթանգայ՝ երիս որդիս եւ դուստր մի: Եւ նստաւ Վախթանգ ի յՈւջարմա, տուեալ զմեծ մասն երկրին՝ երէց որդւոյ իւրոյ Դաչէի. եւ զԽորանձէ՝ զքոյր իւր զաւագ՝ ետ ի կնութիւն Հայոց Բդեշխին՝ Բակուրայ:

Յայնմ ժամանակի մեռաւ Խոսրով թագաւորն Պարսից, եւ նստաւ յաթոռ նորա որդին իւր՝ հոմանուն հարցն. եւ առաքեաց առ Վախթանգ զի առաջնորդ լիցի նմա՝ երթալ պատերազմաւ ի Յոյնս: Եւ արկեալ էր Վախթանգ հիմն քաղաքին Տփխեաց, եւ շինէր զնա ժրութեամբ:

Ետ պատասխանի թագաւորն, եւ ասէ. Այս է առակ՝ որ ասեն. Դարբին, սրեա զսուրդ, զի հատից զգլուխ քո:

Եւ ասէ. Երթայք ասացէք ցնա՝ որ առաքեաց զձեզ առ իս. նախ ընդ իս մարտիր եւ ապա ընդ Յոյնս, զի սիրեցաք մեք զքեզ եւ պարսպեցուցաք ի մեզ:

[The patriarch] immediately sent Mik'ayel into exile. The patriarch of Antioch, while ordaining Petros as Catholicos also gave him twelve bishops. [Thereafter] they went first to Constantinople where they received numerous gifts and the emperor's daughter, Helen, and thence they went to Vaxt'ang. And the country was gladdened. The Catholicos sat at the church of Sion, in Mts'xet'a, which Vaxt'ang had built, and Samuel resided at the bishop's palace of Mts'xet'a. One bishop was stationed in Klarchet', one in Artahan, one in Jawaxet', one in Manklis, one in Bolnis, one in Risha, one at the place named Saint Nino above the gate of Ujarma, one in Jeram, one in Ch'elt', one for two churches, Xornoyboj and at Agarak opposite Xunan. Vaxt'ang built a church at Nik'oz over the martyrium of Razhden, the Iranian nourisher of Vaxt'ang's first wife, [a man] who believed in Christ, was persecuted for the faith by the Iranians, but did not renounce Christ. They killed him for his good confession in the glory of Christ God, and the seat of a bishop was located on the site of his martyrium. Now Vaxt'ang had three sons and one daughter from [his wife] Helen. Then Vaxt'ang dwelled at Ujarma, giving the greater part of the country to his senior son, Dach'i, and he married Xorandze, his senior sister, to the Armenian bidaxš, Bakur.

At that time Xosrov, the king of Iran, died and his homonymous son sat on his throne. He sent to Vaxt'ang [telling] him to be his guide in going to war in Byzantium. Vaxt'ang laid the foundations for the city of Tiflis and vigorously built it.

The king replied [to the Iranian shah], "There is a proverb which says: 'Blacksmith, sharpen the sword so that I may cut off your head'".

He said [to the messenger]: "Go and say to the one who sent you to me, 'First fight with me, and then with the Greeks,' for we spared and preserved you."

CHAPTER XIV

Յաւուրսն յայնոսիկ Դառէ առեալ զորդի քեռ իւրոյ՝ անց ընդ Կուխէթ՝ յերկիր Լաւպատայ, ի քարաժայռ դերբուկս անձաւացն, որոյ բնակիչք էին խուժադուժ ազգաց բազմութիւն յոյժ, որք պաշտէին զհուր եւ զջուր: Եւ ամրացաւ ամենայն երկիրն: Եւ չոգաւ Վախթանգ եւ կին իւր եւ որդիքն՝ ի ձորն Ուջաէմոյ՝ յերեսաց Պարսից արքային, քանզի լուան եթէ գայ ի վերայ նորա: Որ եւ եկն վաղվաղակի եւ կոտորեաց զքաղաքն Կամբեջոյ եւ զբերդն Ճերամոյ. եւ հասեալ ի Կուխէթ եւ բնակեցան յՕրին գետն: Եւ ել Վախթանգ երկու հարիւր քառասուն հազարաւ՝ ընդ եօթնհարիւր քառասուն հազարաւորացն Պարսից՝ ի մըռայլ աւուր. եւ կոտորեաց մինչեւ ի պաղատ թագաւորին Պարսից, եւ սպան զորդի նորա զԲարտամ, եւ զերծաւ թագաւորն Պարսից: Բայց պարսիկ մի խոցեաց զքաջն զայն Վախթանգ ի կուշտն՝ կարեվէր. սակայն պնդեալ զհիրտն՝ ել ի պատերազմէն յաղթութեամբ, կոտորեալ ի նոցանէ հարիւր երեսուն հազար, եւ գնաց ի յՈւջերմա:

Յայնմ ժամանակի մեռաւ կայսրն Յունաց, եւ թագաւորեաց Զենոն որդի նորա, եւ եկն օգնել վախթանգայ. եւ հասեալ ի Սպեր՝ լուաւ զբօթ վիրաւորելոյն ի մահ զՎախթանգայ. եւ հասեալ ի Կարնոյ քաղաք: Իսկ թագաւորն Պարսից Խոսրով աւերեալ զՏփխիս եւ զԱրմազ եւ շուրջ զՄցխիթաւ, եւ չոգաւ ի վերայ Յունաց. եւ մարտեան ընդ միմեանս Պարսք եւ Յոյնք. եւ մնաց մարտն յերկուց կողմանց. եւ դարձան Պարսք ընդ Քարթլ:

Եւ մեռաւ Վախթանգ, յոլով պատուիրանաւ՝ որդւոյն՝ Դաչէի, որոյ ետ զթագաւորութիւնն, եւ ամենայն զօրացն՝ վասն հաւատոյ քրիստոնէութեան եւ միամտութեան. եւ թաղեցաւ ի Մցխիթա: Եւ թագաւորն Պարսից դարձաւ յերկիր իւր:

In those days Dach'i took his sister's son and went through Kuxet' to the Lawpat country to the cliff-caves whose inhabitants were a great multitude of barbarous peoples who worshipped fire and water. The entire country fortified itself, while Vaxt'ang, his wife and sons went to the Ujarma valley, away from the Iranian king since they had heard that he was coming against him. Soon he did arrive, and destroyed the city of Kambech and the fortress of Cheram. They reached Kuxet' and encamped by the Orin river. Vaxt'ang arose with 240,000 troops against the Iranians' 740,000 on a gloomy day, and destroyed them until the king's entreaty, and killed [the king's] son, Bartom, although the Iranian king escaped. But an Iranian fatally wounded that brave Vaxt'ang in the side. [Vaxt'ang], taking heart, quit the battle triumphantly killing 130,000 of them, and then went to Ujarma.

In that period the Byzantine emperor died and his son Zeno reigned.[43] He came to aid Vaxt'ang, but when he reached Sper he heard the sad tidings of Vaxt'ang's death from his wound, and he returned to Karin city. Now Xosrov, the Iranian king, ruined Tiflis and Armaz and the area around Mts'xet'a and then went against the Byzantines. Iranians and Byzantines fought each other inconclusively. The Iranians returned by way of K'art'li.

Vaxt'ang died [A.D. 522] giving many instructions to his son, Dach'i, to whom he entrusted the kingdom, and [instructions] to all the troops concerning the Christian faith and unity. He was buried in Mts'xet'a. And the Iranian king returned to his own country.

---

43 *Zeno*, 474-491.

ԺԵ

Եւ Դաչէ թագաւորեաց Վրաց. շինեաց զամենայն աւերեալսն Պարսից: Մեռաւ կաթուղիկոսն Պետրոս, եւ էառ զաթոռն Սամուէլ, եւ յետ նորա Թափեչան էառ զաթոռն, եւ զկնի նորա Չիմաք: Ննջեաց եւ թագաւորն Դաչէ, եւ էառ զթագաւորութիւնն որդի նորա, եւ զկնի նորա թագաւորեաց Փարսման որդի նորա: Յաւուրս սորին ելին Օսքն, եւ աւերեցին զՔարթլ. եւ զի անպարապ էին Յոյնք յարեւմըտից կողմանց՝ օգնել Փարսմանայ, խնդրեաց ի Պարսից օգնութիւն, զի հնազանդեսցի նոցա հարկատրութեամբ, բայց զի հաւատոյ եւ եկեղեցւոյ մի՛ արասցեն բռնութիւն: Եւ լուան նմա պարսք, եւ ոչինչ նեղէին վասն հաւատոց իւրեանց: Իսկ զկնի մահուանն Փարսմանայ՝ էառ զթագաւորութիւնն միւս Փարսման, եղբօրորդի նորա. եւ էր նա այր բարեմիտ եւ շինիչ եւ զարդարիչ եկեղեցեաց: Մեռաւ կաթուղիկոսն Չիմաք, եւ նստուցին կաթուղիկոս՝ առանց Անդաքու՝ զՍաբա, զի յայնմ հետէ ինքեանք իսկ Վիրք դընէին կաթուղիկոս յազգէ նախարարացն. քանզի զկնի Սաբայ՝ նստաւ Ցելաթի: Յաւուրս սորա եկն Յովհաննէս ի Միջագետաց ի Վիրս, այր սուրբ եւ սքանչելագործ, որ արար յոլով նշանս ինքն եւ աշակերտքն իւր. եւ գրեցան իրքն եւ եղան յեկեղեցիս Քարթլայ: Ի թագաւորէն Միհրանայ մինչեւ ցերրորդ Փարսմանն՝ են ամք երկերիւր. յիշատակ բարի զկնի իւր:

XV

Dach'i ruled Iberia as king,[44] and rebuilt all that had been destroyed by the Iranians. Catholicos Petros died and was succeeded by Samuel, then T'ap'ejan, then Ch'imak'. King Dach'i died, and his son[45] succeeded, then the latter's son, P'arsman reigned.[46] In his day the Ossetians arose and ravaged K'art'li. Now because the Byzantines were too busy in the West to help P'arsman, he sought aid from the Iranians [saying that] he would submit to them in matters of taxation but let them use no force regarding the faith and the Church. The Iranians heeded him and in no way harassed them regarding their faith. After P'arsman's death, his brother's son, another P'arsman, reigned.[47] He was a benevolent man, a builder and adorner of churches. Catholicos Ch'imak' died and they seated Saba as Catholicos without [the ordination of] Antioch, for thereafter the Iberians themselves designated Catholicoi from the line of the naxarars. After Saba, Yelat'i served. In his day John came from Mesopotamia to Iberia, a blessed man and a wonder-worker who wrought many miracles—both he and his students. The deeds were written down and placed in the church of K'art'li. From king Mirian to the second P'arsman, two hundred years elapsed. [P'arsman] left a good memory of himself.

---

44 *Dachi*, 522-534.
45 *Bakur II:* Bacurius II, 534-547.
46 *P'arsman:* Pharsmanes V, 547-561.
47 *P'arsman:* Pharsmanes VI, 561-?.

Յաւուրս սորա մեռաւ Սամուէլ, եւ էառ զաթոռն Բարթուղոմէոս: Յաւուրսն յայնոսիկ սպանաւ կայսրն Մուրիկ՝ ի Փոկասայ՝ զօրականէ միոջէ, որ եւ թագաւորեաց ի վերայ Յունաց: Եւ լուաւ զբօթ աներոյն իւրոյ՝ Քասրէ թագաւորն Պարսից. բարկացաւ եւ ել յերկիրն Յունաց, եւ աւերեաց գաւառս բազումս, եւ գերեաց զԵրուսաղէմ եւ զխաչն տէրունական: Եւ Ստեփանէ իշխանն Վրաց՝ դարձաւ ի Պարսից հնազանդութիւն՝ յերկիւղէ նոցա, եւ նստէր ի Տփխիս: Իսկ զՓոկաս սպանեալ Հերակլայ՝ ազգականին Մուրկայ, եւ թագաւորեալ ի վերայ Յունաց, եւ ածեալ զօր յարեւմտից ի Թուրքաց՝ բազում յոյժ, եւ ել ի խնդիր կենսատու Խաչին. ճանապարհ կալեալ ընդ Հայս՝ եկն ի Բզնունիս, եւ անտի ելանէ ի Տփխիս: Եւ Ստեփանոս ոչ ելանէ ի հնազանդութենէ Պարսից. այլ փակեաց զքաղաքն, եւ պատերազմէր ընդ կայսեր՝ ելանելով ի դուրս աւուր աւուր, եւ ի քաջացն Յունաց մեռանէր:

Եւ յետ սպանանելոյն զնա՝ առին զքաղաքն, բայց ի կլայէն, յորմէ թշնամանեաց զկայսրն՝ աւագ բերդին, ասելով. Արի՛ գնա, քօշ հասեալ, զի չես նման թագաւորի, այլ քօշի ունիս պարանոց եւ մօրուս: Եւ կայսրն իբրեւ լուաւ՝ խնդաց ի սրտի, եւ ետ բերել զգիրսն Դանիէլի, եւ բացեալ խնդրեաց զտեղին՝ յորում գրեալ էր՝ եթէ Զօրանայ քօշն այծեաց՝ որ գայ յարեւմտից, եւ հարկանէ զխոյն յարեւելս՝ մեծաւ զօրութեամբ: Եւ ասէ ցզօրսն. Թէպէտ անարգեաց զիս այրն ի սրտէ իւրմէ, այլ ձգեաց առ իս զբանս զայս:

In his day,[48] Samuel died and his office was occupied by Bart'ughomeos. In these days the emperor Maurice[49] was killed by a soldier named Phocas, who himself ruled the Byzantines.[50] Now when [Maurice's] wife's father, K'asre[51] king of Iran heard these sad tidings, he became angered, went to the country of the Byzantines, destroyed many districts, captured Jerusalem and the Lord's Cross. Step'ane, prince of Iberia, turned submissively to the Iranians out of fear of them, and resided at Tiflis. Then Maurice's relative Heraclius[52] killed Phocas and ruled over the Byzantines. He assembled a very large army from the Turks of the west and went in search of the envivifying Cross. Journeying through Armenia, he came to Bznunik' and thence ascended to Tiflis. But Step'anos did not forsake allegiance to the Iranians. Rather, he closed the city and warred with the emperor, sallying forth each day. And many of the Byzantine braves perished.

After [Step'anos] was killed, they took the city, excepting the citadel. From the citadel, the senior [commander] of the fortress insulted the emperor, shouting: "Depart, you goat! For you do not resemble a king. Instead you have a goat's neck and beard." When the emperor heard this he laughed inwardly, had the book of Daniel fetched, opened it and sought the passage where it states: "The goat coming from the West will grow strong and attack the ram in the East with great force." And he said to the army: "Although the man dishonored me in his heart, nonetheless he revealed this thing to me."

---

48 Step'an Curopalate, ca. 590-627.
49 *Maurice*, 582-602.
50 *Phocas*, 602-610.
51 *K'asre:* Xosrov II.
52 *Heraclius I*, 610-641.

Եւ կոչեաց առ ինքն զԱտրներսեհ՝ յազգէ Դաչէի, որ էր ի Կուխէթ, եւ ետ ի նա զՏփխիս, եւ եթող առ նմա զզօրագլուխն Ջիբղա, եւ ինքն չոգաւ ի Պարսս: Եւ առին զկլայն. եւ կալեալ զանարգիչն կայսեր՝ Ջիբաղն, նախ զբերանն ելից ոսկով. Զի խնդրեաց, ասէ, կայսրն ի բան բերանոյ քո. եւ ապա հանեալ զմորթն՝ հասոյց կայսեր, վասն նախատելոյն զնա: Իսկ որդին Քասրէի՝ սպան զնա. եւ արարեալ սէր ընդ կայսեր՝ ետ ի նա զխաչն Տեառն: Եւ դարձաւ Հերակլ զկնի հինգ ամաց, եւ եկն ի Մցխիթա. եւ էառ ի Մանկլեայ եւ յԵրուշէթոյ՝ զոտից Տեառն տախտակն, եւ զբեւեռսն՝ զտուեալսն ի Կոստանդիանոսէ՝ Միհրանայ թագաւորին, եւ տարաւ ընդ իւր, ոչ լսելով աղերսանացն Ատրներսեհի եւ ամենայն Վրաց աշխարհին արտասուացն:

Իսկ զկնի մահուանն Բարդողոմէոսի կաթուղիկոսի՝ էառ զաթոռն Յովհաննէս, եւ յետ նորա Բաբելաս, եւ զկնի նորա Թափոր: Եւ զիշխանութիւնն Վրաց զկնի մահուանն Ատրներսեհի՝ էառ որդի նորա Ստեփանոս, այր պինդ հաւատով եւ տօնասէր, որ կարգեաց զօր ուրբաթուն Խաչի մեծ ժողովով՝ առաջի Խաչին սրբոյ, եւ զօր հինգշաբաթուն՝ մեծացուցանել ի սուրբն Սիոն՝ ի կաթուղիկոսարանն, եւ զերեքշաբաթն տօն Ստեփանոսի նախավկային եւ ամենայն վկայիցն. եւ ոչ զանազանել, ասաց, զուրբաթն եւ զհինգշաբաթն ի մեծէ ուրբաթէ եւ ի մեծէ հինգշաբաթուն:

Յայնու ժամանակօք երեւեցաւ Մահմէտ առաջնորդ եւ օրէնսդիր Սարակինոսացն եւ ազգին Արաբկաց, որ տիրեաց բազում աշխարհաց. եւ քսան ամ կալեալ զիշխանութիւնն՝ սատակեցաւ: Եւ եկաց ի տեղի նորա Աբուբաքր, որ մտաւ զօրութեամբ մեծաւ ի Պարսս, եւ զի նուաղեալ էր թագաւորութիւնն նոցա՝ կալաւ ի հնազանդութիւն. եւ մտեալ ի Բաբելոն՝ թողու ետ զհրապաշտութիւնն, եւ դարձոյց յօրէնս Սակրակինոսաց: Եւ ի մեռանելն նորա՝ կալաւ զիշխանութիւնն Օմառ: Եւ պատմեցին Հերակլի՝ եթէ Սարակինոսքն կամին մտանել ի Շամա եւ ի Ջազիրէթ, որք են սոքա աշխարհ Միջագետաց:

[Heraclius] summoned Atrnerseh[53] of Dach'i's line, who was in Kuxet' and gave Tiflis to him. With him he left the military commander Jibagh, and then went on to Iran. [The Byzantines] took that citidel and Jibagh seized the man who had dishonored the emperor. First he filled his mouth with gold, "For", he said, "the emperor rejoiced at the words which issued from your mouth." Then, removing his skin he sent the man to the emperor for insulting him. Now K'asre's son killed him,[54] made peace with the emperor and gave him the Lord's Cross. After five years Heraclius returned and came to Mts'xet'a. He took Mankli and Erushet', the tablet [placed] at the Lord's feet, as well as the nails which Constantine had given to king Mirian. And he took them with him, not heeding the pleas of Adarnase and the tears of all Iberia.

After the death of Catholicos Bardoghomeos, the [patriarchal] throne was occupied by Yovhannes, then Babelas, then Tap'or. After Atrnerseh's death, authority in Iberia was exercised by his son Step'anos,[55] a man firm in the faith and a lover of [religious] festivals. It was he who convened a great assembly before the blessed Cross on the day of Cross Friday and Holy Thursday at the Catholicosal residence at [the church of] saint Sion and [on] Tuesday the festival of the proto-martyr Step'anos and all the [other] martyrs. "And", he said, "let Friday and Thursday not differ from Good Friday and Good Thursday."

In this period Muhammad the leader and legislator of the Saracens and Arab people appeared and ruled many lands. After holding sway for twenty years, he perished. His place was occupied by Abu Bakr who entered Iran with a great force. Now since [the Iranians'] kingdom had become weakened, he brought it into submission. Entering Babylon, [Abu Bakr] made it abandon fire-worship and converted it to the faith of the Saracens. When he died, the authority was wielded by Omar. And they told Heraclius that the Saracens wanted to enter the land of Mesopotamia, Syria and Jaziret'.

53 *Atrnerseh:* Adarnase I, 627-637/42.
54 *i.e.,* Kawad killed his father, Xosrov II.
55 *Step'anos:* Stephen I, ca. 591/602-627.

Եւ եղ կայսրն յերկիրն Փղշտացւոց, եւ ետես անդ այր Աստուծոյ մինաւոր մի՝ որ ասէր. Փախերուք ի փախուցե-լոյն Սարայի. որպէս եւ կոչին իսկ Սարակինոսք, որ է՝ Սարայի սպասաւորք. քանզի Տէր ետ զհարաւ եւ զարեւելս եւ զհիւսիս ազգի նոցա. եւ նոքա են աստեղք մոլորեալք՝ որ տիրեն անմոլորիցն:

Եւ գտանէին գուշակմունք նոցա ի գիրս փիլիսոփա-յիցն Հերմիտրոնի եւ Իջինտոսի, եթէ ի մեծ թուին հինգ հա-զար ութհարիւր չորեքտասան երեւէր աղախնորդին յազգէն արդարութեան ՈԺԵ, եւ տեւէ հնգիցս եւթնորդս պակաս Ե, որ են ամք երկերիւր քառասուն:

Եւ շրջեցաւ թագաւորն Հերակլ, եւ եկն դարձեալ ի Քարթլ, եւ ասէ՝ գաղթեալ ազգին Պարսից Իսմայելացւոցն ի կողմանս հիւսիսոյ, եթէ Ահա սպառեցաւ թագաւորու-թիւն ձեր, եւ զօրացան Սարակինոսքն, ելէ՛ք եկա՛յք առ մեզ:

Եւ նոցա թողեալ զգանձս իւրեանց յանգէտս, տարան զգիր գանձուն զկնի, եւ գնացին զհետ Հերակլի. եւ այնու գրովն գան Յոյնք եւ գտանեն զնոսա: Իսկ Ստեփանոսի Վրաց իշխանին էին երկու որդիք, Արչիլ եւ Միհր անուանք նոցա, որոց ետ զամենայն ստացուածս իւր. եւ թաղեցին ի տեղիս տեղիս՝ յերեսաց Իսմայելի, եւ փախան յԵգրիս. քանզի չոգաւ ի վերայ նոցա եւ Քարթլայ՝ Մրուան՝ որդի Մահումադայ, որ կոչէր Խուլ, եւ կալաւ զԴուռն Դարիալայ, եւ աւերեաց զբնակութիւն լերինն Կովկասու:

THE GEORGIAN CHRONICLE

The emperor went to the Palestinians' country and saw here a man of God, a monk, who said: "Flee from those who put Sarah to flight (for the Saracens are called Sarah's servants), for the Lord gave to their people the south, east, and north. They are wandering stars who rule over those who do not wander."

And they found prophecies about them in the writings of the philosophers Hermitron and Ijintos, that in 5840 of the Great Era, there would appear the son of the maidservant from the line of justice, and that [his rule] would last 240 years, that is 615 - (5 x 75) + 5.

King Heraclius turned and came to K'art'li, declaring: "Iranian people who emigrated from the Ishmaelites to the northern regions, behold, your kingdom is finished. The Saracens have grown strong. Arise, come to us."

And they at all hazards left their treasures, taking along a written [description of where the treasures had been concealed] and went with Heraclius. But the Byzantines came with those documents and found them. Now the prince of Iberia, Step'anos, had two sons, named Arch'il and Mihr, to whom he gave all of his property. They buried [the treasures] in various places, concealing it from the Ishmaelites, and then fled to Egris, because Mahumad's son Mruan, called Xul, was coming against them and K'art'li. The latter seized the Darial Gate and destroyed the population of Mt. Kovkas.

Եւ լուաւ եթէ տէրքն Քարթլայ փախեան յԵգրիս, եւ անտի յԱփխազէթ, ել զհետ նոցա, եւ էառ զամրոցն Եգրա. եւ էջ ի վերայ բերդին Անակոփոսի, յորում կայր Տիրամօրն պատկերն անձեռագործ, զոր ոչ ոք գիտէ՝ ուստի իցէ, քանզի գտաւ նա ի գլուխ լերինն Գօրին: Եւ յայնմ բերդի կային Արչիլ եւ Միհր, զկնի մահուան հօր իւրեանց: Եւ զօրագլուխն Յունաց Լեւոն՝ մտեալ ի բերդն Սուբաղայ՝ յելսն Օսեթոյ՝ ամրանայր անդ: Եւ ասեն ցմիմեանս հարազատքն. Եթէ աստ մնամք՝ առնուն զամուրն, եւ յիշատակ ոչ թողուն մեզ. եւ զանձն՝ զոր ժողովեցին քրիստոսապսակն Միհրան, եւ յԱստուծոյ իմաստնացեալն Վախթանգ՝ կորնչին անգտանելիք. եւ զայն եւս՝ զոր Հերակլ աստէն եթող, զորոց զգիրն եդաք ընդ երկուց թագացն զմրխտեաց. արդ, Աստուծով սրտապնդեալք, բարեխօսութեամբ Պետրոսի եւ Պաւղոսի, եւ զօրութեամբ պատկերի Տիրամօրն՝ որ ընդ մեզ, ելցուք ի վերայ նոցա ի կողմանէ ծովուդ զառ ի թափի: Եւ ելին երեք հազարաւ, եւ Տէր էարկ ի նոսա տապաստ սաստիկ յոյժ. եւ մեռան ի Տեառնէ ցաւօք՝ երեսուն եւ հինգ հազար, եւ սրով արանց՝ երեք հազար: Եւ պակասեցան ի քրիստոնէիցն արք վաթսուն, եւ խոցեցաւ Միհրն: Եւ ոմն ի Սարակինոսացն ասէ ցբանակն իւր. Աստուած ետ մեզ յաղթութիւն տասն, որպէս խօսեցաւ ընդ Աբրահամու եւ ընդ Ագարու, եւ ոչ ընդ արս աստուածայինս, եւ ընդ տաճարս անուան նորա:

Hearing that the lords of K'art'li had fled to Egris and thence to Abkhazia, [Mrwan] pursued, and took the fortress of Egre. Then he descended upon the fortress of Anakop'os. Here was located an image of the Lord's Mother fashioned by no human hand, and no one knew where it had come from since it was discovered at the head of Gori mountain. In that fortress Arch'il and Mihr were staying after their father's death. Meanwhile Leo, the Byzantine military commander, had entered and fortified himself into Subagh fortress at the entrance to Oset'. The brothers said to each other: "If we remain here and they take the stronghold, we shall not be remembered; the treasure accumulated by the Christ-crowned Mirian and Vaxt'ang (who was made wise by God) will be lost, undiscoverable. So will that which Heraclius left here, the document [describing where] we concealed the two emerald crowns. Encouraged by God, with the intercession of Peter and Paul, and with the power of the image of the Lord's Mother which is here with us, let us attack them from the side where the sea rushes down." And they arose with 3,000 and the Lord struck dead on the spot an enormous number of [the enemy]. Thirty-five thousand died in pain because of the Lord, while 3,000 were killed by men's swords. Sixty of the Christians died, and Mihr was wounded. A certain Saracen said to his army: "God gave us ten victories, as He had promised Abraham and Hagar, but not [victories] over men of God and the temples [erected] in His name."

Եւ յարեան անտի եւ նստան ի վերայ Եօթնակնեան գետոցն երկուց: Եւ յանկարծակի յարեաւ գետն ի սաստիկ հեղեղաց, եւ տարաւ ի զօրացն Հաբաշեաց, որք կային ընդ նոսա՝ քսան եւ երեք հազար այր, եւ ձիս երեսուն եւ հինգ հազար. եւ յայնմանէ կոչեցաւ գետն պատահմամբ գործոյն՝ մինն Զխեննիս Ծղալ, եւ միւսն՝ Հաբաշիս Ծղալ: Եւ մնացեալքն ելին ընդ ճանապարհ Գօրին, եւ անցին ի Սպեր գաւառ, եւ գնացին: Եւ զերծելոցն քրիստոնէից տուեալ փառք Աստուծոյ, առաքեցին եւ ցուցին կայսեր՝ որ ինչ եղեւն: Եւ լուեալ նորա՝ խնդաց ի Տէր. եւ առաքեաց թագաւորն երկուց եղբարցն թուղթս քաջալերութեան: Այլ ի խնցոյ անտի՝ մեռաւ Միհրն, եւ թաղեցաւ ի Մցխիթա. եւ դադարեաց երկիրն ամս երկոտասան:

Յաւուրսն յայնոսիկ իշխան ոմն ի տանէ Դաւթի մարգարէի, Ադրնաս կոչեցեալ, եկն առ Արչիլն. որ լեալ էր ի հայս, եւ գերեալ որդւովքն յայլազգեացն, եւ զերծեալ անտի՝ խնդրեր ի նմանէ տեղի բնակութեան. եւ ետ նմա զՌիշա եւ զՇղուեր եւ զԱտօնէ: Եկին եւ ի Տարնոյ եղբարք երեք, եւ բնակեցան մինչեւ ցԳաղգաղ՝ հրամանաւ Արչիլին: Եւ կինն Արչլին էր դուստր Գորոմայ կիւրապաղատին, ի զարմիցն Վախթանգայ արքայի:

They arose thence and went and encamped by two of the rivers with seven springs. But suddenly the river rose up in a mighty flood and carried off 23,000 of the Habashk' soldiers with them and 35,000 horses. Thereafter, for its providential work, the rivers were called *Dzxenis tsghal*[56] and *Habashis tsghal*.[57] The survivors went over the Gori road, crossed the district of Sper, and so departed. The Christians who had been saved glorified God, and communicated to the emperor what had transpired. When the latter heard about matters, he rejoiced in the Lord and sent encouraging letters to the two brothers. However, Mihr, who had been wounded there, died and was buried at Mts'xet'a.[58] For twelve years the country was calm.

In those days a certain prince, from the house of the prophet David, named Adarnase, came to Arch'il. He had been in Armenia and had been captured by the foreigners together with his sons. Escaping thence, he asked him for a place to live. [Arch'il] gave him Rhisha, Shghuer, and Atone. [Similarly] three brothers came from Taron and at Arch'il's command they settled as far as Gaghgagh. Arch'il's wife was the daughter of the curopalate Gorom,[59] from the clan of king Vaxt'ang.

---

56 *Dzxenis tsghal:* "that which carried off the horses."
57 *Habashis tsghal:* "that which carried off the Habashis."
58 A.D. 736.
59 *Gorom:* Guaram III, c. 693-748.

ԺԶ

Բայց ոչ ոք կարէ զաղէտս քրիստոնէից ընդ գրով արկանել՝ զոր կրեցին ի Սարակինոսացն, որք առժամանակ մի եւ Քաղրթականք կոչեցան. զոր աւէ իսկ աստուածային Գիրք, եթէ Քաղրթայ լեզուքն արբեցին յարենէ անմեղաց: Քանզի սկիզբն զօրանալոյ ազգին Քաղրթն եղեւ, որ էր իշխան սակաւ Իսմայելականաց շրջաբնակաց: Յորոյ աւուրս իշխան ոմն Միջագետաց Սարգիս անուն՝ յափշտակէր զինչս վաճառականաց Իսմայելացւոցն. եւ Քաղրթն ողոքանօք հայցեաց զառեալն, եւ զի ա՛յլ մի՛ արասցէ զայն. եւ նա ոչ լսէր նմա: Որոյ սրտառեալ՝ ժողովէ ամբոխ յոյժ յիւրոցն, եւ երթեալ առնուն զիւրեանցն եւ զնոցայն, եւ յոյժ առեալ զօրացան: Եւ ի նոյն աւուր գտան զՄահմէտ՝ հալածեալ յիւրոցն. որ էր աշակերտեալ Արիանոսի ումեմն մոնոզոնի եւ Կերինթոսի աղանդոյն, որ ախտաւորաբար եւ մարմնաւորաբար եւ մարմնաւոր ցանկութեամբ դաւանէր զյարութիւնն: Զնա յարուցեալ առ իւրեանս եւ արարեալ զօրագլուխ՝ կռուեցան ընդ ամենայն երկիր, ի լնուլ մեղացն չափոյ քրիստոնէից՝ Յունաց եւ Հայոց, Ասորոց եւ Աղուանից եւ Վրաց. որովք ճոխացեալ՝ առին եւ զՊարսից գաւազանն յիւրեանսն, որով հարկեն իսկ զազգս ամենայն:

Արդ՝ զկնի երկոտասան ամաց գնալոյ Խուլ ամիրային, եկն Ճիհնաւում, որդի Մահադիայ. եւ արք երեւելիք ընդդէմ դարձան նմա, եւ ոչ թողին ի Կլարճէթ. եւ ոմանք ի նոցանէ գնացին յերկիրն Տայոց, եւ գտին քար մի, եւ շինեցին զնա ամրոց, եւ կոչեցին զնա Կամախ:

XVI

No one can put into writing the disasters which the Christians experienced from the Saracens, formerly called K'aghrt'akank'. It is said even in the Bible that the tongues of K'aghrt' shall drink the blood of the innocent. For at the beginning of the strengthening of [that] people, there was a certain K'aghrt' who was prince of the few surrounding Ishmaelites. In his day a certain Mesopotamian prince, named Sargis, ravished the goods of [some] Ishmaelite merchants. K'aghrt' beseeched the plunderer not to do this again, but [Sargis] did not heed him. Taking heart, [K'aghrt'] assembled a huge crowd of his people, went and took back what was his and what was theirs. Gaining in power, they became even stronger. That same day they found Muhammad, persecuted by his own people. The latter had studied with a certain monk Arianos who professed the resurrection in a diseased, physical way [complete] with corporeal desire. They got [Muhammad] to come to them and made him their military leader. They fought with all countries to fill up the measure of the sin of the Christians of Greece, Armenia, Syria, Aghuania and Iberia. Thereby becoming rich, they also took the Iranians' scepter by which they made all peoples tributary.

Now after twelve years, Xul amir departed and Mahadi's son Chichnaum[60] came. Prominent men turned against him and did not allow him into Klarchet'. Some of them went to the Tayk' country, found a rock there and built it into a stronghold, naming it Kamax.

---

60 *Chichnaum:* Khuzaima ibn Khazim c.786.

Իսկ թագաւորն Արչիլ խորհեցաւ գնալ առ բռնաւորն, թերեւս դիւրութիւն առնէ քրիստոնէից, քանզի ընդ հարկաւ իսկ էին նոցա: Եւ իբրեւ չոգաւ՝ եկ ընդ առաջ նորա եւ մեծարեաց զնա, եւ գովեաց զգեղ երեսաց նորա եւ զվայելչութիւն հասակի նորա, եւ արար նմա խրախութիւն: Եւ զկնի սակաւ աւուրց՝ հարկէր զնա դառնալ ի դենս նոցա. եւ խոնշորագոյնս լուաւ ի նմանէ պատասխանի. եւ հրամայեաց բռնաւորն դնել յերկաթս:

Յառաջ մատեաւ ապա իշխան մի ուրացող՝ Գարդամբէլ անուն, եւ ասէ ցճհճնամ, որ եւ կոչէր Ասիմ. Յազգէ մեծ թագաւորաց է դա, եւ տէր գանձուց պատուականաց, եւ է ընդ ձեռամբ դորա եւ գանձ կայսերն Յունաց:

Եւ յորժամ լուաւ զայս՝ եւ ուրախ եղեւ. եւ կոչեցեալ զնա յատեան՝ ասէ. Ցո՛յց ինձ զգանձն կայսերն եւ զնախնեաց քոց, եւ դարձիր ի կրօնս իմ, եւ զքոյն քեզ շնորհեցից, եւ կալ զիշխանութիւն քո, եւ արարից զքեզ սպասալար ամենայն Քարթլայ:

Ետ պատասխանի Արչիլ, եւ ասէ. Յորժամ էանց ընդ երկիրս մեր Հերակլ՝ տղայ էի ես. եւ զգանձն զոր պահեցին՝ կայ ի դղեակ բերդին, ուստի դարձաւ Խուլ ամիրայն, զոր այժմ ունին Յոյնք, եւ յիմ ձեռն ոչ է եկեալ զոր խնդրեսն. եւ զհաւատս իմ ոչ փոխեմ՝ ամենայն տիեզերաց, զի տէր Աստուած իմ՝ Քրիստոս է, Որդին Աստուծոյ կենդանւոյ:

Եւ հայեցեալ ի նա բռնաւորն՝ ասէ. Դո՞ւ հարեր զՍարակինոսս յԱփխազեթի:

Արչիլն ասէ. Ես անդ էի՝ յորժամ եհար զնոսա Աստուած:

Ասիմ ասաց. Աստուա՞ծ եհար զմեզ:

Ասէ Սուրբն. Այո՛, Քրիստոս Աստուած՝ յոյսն մեր, որ եկն յերկիր փրկել զմեզ, նա օգնեաց յուսացելոց իւրոց:

Յայնժամ հրաման ետ բռնաւորն ի վերայ պատուական թագաւորին, եւ ասէ. Որոյ Աստուածն մեռեալ է՝ մեռցի եւ դա յանուն նորա՝ զոր ընտրեացն:

King Arch'il planned to go to the tyrant so that perhaps he might relieve the Christians, since the latter were tributary to him. As soon as he went, [the tyrant] arose before him, elevated him, praised his good looks, and the comliness of his form and held a banquet for him. But after a few days he [tried to] force him to adopt his own religion. He heard a very rough reply. The tyrant ordered [Arch'il] placed in irons.

Then an apostate prince, named Gardambel, stepped forward and said to Chichnam (also called Asim): "He is from the line of great kings and is lord of venerable treasures. Furthermore, the [hidden] treasure of the Greek emperor is in his hands."

When [Asim] learned this, he rejoiced and summoned [Arch'il] for an audience. He said: "Show me the treasures of the emperor and of your ancestors, and convert to my religion, and I shall grant you what is yours, you shall have your principality, and I shall make you spasalar of all K'artli."

Arch'il replied: "When Heraclius passed through our country I was a boy. The treasure which they kept is in the castle of the fortress whence emir Xul retreated, and which the Greeks hold at present. What you seek did not pass into my hands. I shall not change my faith for the entire world, for my lord God is Christ, son of the living God."

Looking at him, the tyrant said: "Was it you who defeated the Saracens in Abkhazia?"

Arch'il responded: "I was there when God struck them."

Asil asked: "God struck at us?"

The saint replied: "Yes, Christ God, our hope, Who came to earth to save us, aided those who depend on Him."

Then the tyrant laid this order on the honorable king: "Let him who chose a dead God die in His name."

Եւ հանեալ արտաքս՝ գլխատեցին զնա ի գոհանալն եւ ի յաղօթելն առ Աստուած. որ եւ փոխանակեաց զմահկանացու թագաւորութիւնն ընդ անթառամ արքայութեան երկնաւորի, զվկայիցն առեալ զպսակ՝ կայ առաջի սրբոյ Երրորդութեանն յանտրտում ուրախութիւնսն: Եւ եկեալ ի գիշերի Գողերձեցիքն եւ Տբեցիքն եւ այլ ազատք ընդ նոսա՝ եւ գողացան զմարմին նորա, եւ տարեալ թաղեցին ի Նուտկարա՝ յիւր շինեալ եկեղեցի: Եւ կին նորա եւ պարգեւս բերողաց նշխարացն, եւ գիւղս եւ աւանս՝ ի հանգստարանս նորա: Եւ գտաւ պատմութիւնս համառօտ՝ ի ժամանակս շփոթմանն, եւ եդաւ ի գիրքս՝ որ կոչի Քարթլիս Ցխօրէպա, որ է՝ Պատմութիւն Քարթլայ. եւ եգիտ զսա Ջուանբեր, գրեալ մինչ ցՎախթանգ թագաւոր, եւ մինչեւ ցայսվայր ինքն յաւել Ջուանբեր, եւ զգալոցն՝ յանձնեաց տեսողացն եւ պատահելոցն ի ժամանակին:

Արդ՝ վկայն Քրիստոսի Արչիլն եթող երկուս որդիս՝ զՋուանբեր եւ զԻւանէ, եւ դստերք չորք, որոց անուանքն՝ Գորանդուխտ, Մարիամ, Միհրանդուխտ եւ Շուշան: Զայս Շուշանայ լուաւ արքայն Խազրաց՝ եթէ գեղեցիկ է, առաքեաց խնդրեաց իւր ի կնութիւն. եւ խոստանայր թափել զերկիրն նորա ի ձեռացն Քաղրթաց: Եւ ոչ կամեցան տալ զգառն՝ գազանին՝ մայրն եւ եղբարքն: Եւ զկնի երից ամաց արձակեաց Խաքանն զԲուլջան սպասալարն իւր ծանր զօրու՝ ընդ ճանապարհն Լեկեթոյ. որ եւ եկն եւ անցաւ ի Կախէթ, եւ պատեաց զբերդն՝ ուր կայր Ջուանբեր եւ Շուշան: Եւ զկնի սակաւուց էառ եւ զՏփխիս եւ զամենայն երկիրն Քարթլայ, եւ գնաց:

Եւ սուրբն Շուշան ասէ ցեղբայրն. Մեռայց կուսութեամբ մարմնոյս եւ հաւատոյս, եւ մի՛ գազանակուր եղէց: Եւ հանեալ զմատանին՝ ի բաց էառ զակն պատուական. եւ կայր ի ներքոյ նորա դեղ մահու. ընկէց զնա ի բերան իւր, եւ մեռաւ անարատ առաջի Տեառն. եւ թաղեաց զնա եղբայրն իւր:

They took him out and beheaded him[61] as he thanked and prayed to God. And he exchanged his mortal kingdom for the heavenly kingdom which does not fade. Taking the marytrs' crown, he stands before the holy Trinity in sorrowless joy. Now in the night the Goderdzets'ik' and Tbets'ik' and other azats who were with [Arch'il] came, stole his body, and buried it at Nutkara, a church which he had built. His wife gave gifts to those who brought the remains, and villages and awans to his place of rest. This abbreviated history was found in the time of confusion and placed in the book called K'artlis Ts'xorepa which means the History of K'art'li. It was found by Juansher, [the history] written up to [the time of] king Vaxt'ang. Up to the present point was added by Juansher himself. What follows [was written] by eyewitnesses and contemporaries.

Now Arch'il, the witness of Christ, left two sons, Juansher and Iwane, and four daughters, named Goranduxt, Mariam, Mihranduxt, and Shushan. The Khazar king heard that Shushan was beautiful and sent requesting her in marriage, promising to free her country from the K'aghrt' people. However, the mother and brothers did not want to give the lamb to the beast. After three years the Xak'an dispatched his spasalar Buljan with a large army by way of the Leket' road. He came, crossed into Kaxet' and surrounded the fortress where Juansher and Shushan were. After a short while he also took Tiflis and the entire country of K'artli, and then departed.

And the blessed Shushan said to her brother: "I shall die a virgin in body and faith, and not be devoured by a beast." Taking off her ring, she removed the gem, and there beneath it was poison. She put this in her mouth and died unsullied before the Lord.[62] Her brother buried her.

---
61 d. 786.
62 d. 799/800.

Եւ իբրեւ դարձաւ Բուլջան առ Խաքանն եւ պատմեաց վասն կուսին, բարկացաւ յոյժ՝ զի ոչ պահեաց զնա զգուշութեամբ, եւ ոչ տարաւ զոնեա զդի նորա առ նա. եւ ազոյց խառան ի պարանոցն, եւ երկուց հեծելոց հրամայեաց առ միմեանս ձգել, մինչեւ հատաւ գլուխն չար, ապականիչն սուրբ եկեղեցւոյ: Եւ զկնի եօթն ամի արձակեցաւ Ջուանբեր պարզեւօք, եւ եկին յերկիր իւր. եւ եգիտ զՍարակինոսսն ի Տփխիս եւ ի բազում տեղիս բանակ հարեալ. եւ ինքն հնազանդեալ՝ հարկեցաւ նոցա, առեալ կին՝ զդուստր Ատրներսեհի Բագրատունւոյ, որ կոչէր Լատորի:

Զկնի ժամանակաց եկն Խոսրոյդիս, որ ոստիկան էր Հայոց, եւ շինեաց զՏփխիս՝ զաւերեալն Խազրաց: Իսկ Լէոն ոմն՝ որդի դստեր թագաւորին Խազրաց, թագ եդեալ՝ ունէր զԱփխազէթ եւ զԵգրիս, մինչեւ զԼիխս: Եւ մեռան որդիքն Արչլին՝ Իւանէ եւ Ջուանբեր. եւ կալաւ զտեղի նորա Կիւրապաղատն Աշոտ. եւ մեծարեաց զնա կայսրն, զի տկարացան Հագարացիքն: Իսկ զկնի մահուանն Լէոնի՝ կալաւ զտեղի նորա Թէոդոս որդի նորա: Զկնի աւուրց եկն Խալիլ ամիրայն, եւ սպան զԱշոտ, եւ ինքն սպանաւ ի Ջախեթի: Զկնի երկերիւր ինն եւ տասն ամաց՝ առաջին Մահմետի, եկն Բուղայն, եւ վշտացոյց զերկիրն Հայոց. եւ հասեալ ի Տփխիս՝ սպան զՍահակ ամիրայն, զի ոչ հընազանդէր նմա. եւ երթեալ ի Մթելէթ էառ ի նոցանէ պատանդս երեքհարիւր. եւ կամեցաւ մտանել յՕսէթ. եւ կալաւ զնա ձիւն սաստիկ, եւ կորեան բազումք. բայց ոչ ինչ գրէին զվասն ի բազմութենէն՝ որ մնացեալն լինէր՝ իբրեւ հարիւր եւ քսան հազարաց: Դարձաւ նա ի Բաղտատ ձմերել անդ. եւ ի գալ գարնայնոյն՝ եկն ի Դարբանդ, եւ բացեալ զԴուռն՝ եհան անտի երեքհարիւր տուն, եւ բնակեցոյց ի Շամքոր՝ Խազրեցիս. եւ եհան ի Դարիալայ հարիւր Օսս, եւ բնակեցոյց ի Դմանիս:

Now when Buljan returned to the Xak'an and told about the virgin, he became very angry since [Buljan] had not kept her carefully and had not brought him even her corpse. [The Xak'an] had a rope tied around [Buljan's] neck and then ordered two mounted men to pull it between them until the head of this wicked polluter of the holy Church was severed. After seven years Juansher was set free with gifts, and came to his own country. He found the Saracens at Tiflis and encamped in many places. Submitting, he paid taxes to them and married the daughter of Atrnerseh Bagratuni, named Latori.[63]

After some time, Xosroydis, the *ostikan*[64] of Armenia, came and rebuilt Tiflis, which had been ruined by the Khazars. Now a certain Leon, son of the Khazar king's daughter, took a crown and held Abkhazia and Egris as far as Lix mountain. Arch'il's sons Iwane and Juansher died. Their place was taken by Curopalate Ashot.[65] The emperor elevated him so that the Hagarites' [influence] be weakened. After Leon's death, his place was taken by his son T'eodos. After some days, amir Xalil[66] came and killed Ashot, and was himself slain in Jawaxet'. Two hundred and nineteen years after the first Mahmet, Bugha arrived and cast the Armenian country into sorrow. Reaching Tiflis, he killed amir Sahak, for the latter did not obey him. He went to Mt'elet' and took 300 hostages from them. [Bugha] wanted to enter Oset' and encountered a severe snow storm from which many perished However, no great harm was done to the multitude of survivors, who numbered about 120,000. [Bugha] returned to Baghdad to winter there. When spring came he went to Darband, opened the Gate, removed from there 300 Khazar houses and settled them at Shamk'or. He removed 100 Ossetian [houses] from Darial and settled them at Dmanis.

---

63 *Latori* (Georgian, Latavr).
64 *ostikan:* governor.
65 *Ashot* I, the Great, 813-830.
66 *Xalil:* Halid ibn Yazid ibn Mazyad ash-Shaibani.

CHAPTER XVI

Յայնմ ժամանակի Գիորգի թագաւորն Ափխազաց եւ Դեմետրէ փեսայ Լեւոնի՝ ելին եւ կալան զՔարթլ. էառ եւ Լիպարիտ զԹռեղս, եւ շինեաց զԿլտէկարս, եւ ժառանգեցոյց զԴաւիթ՝ որդի Բագրատայ, ի ժամանակս Սմբատայ՝ Հայոց արքայի տիեզերակալի, որ մարտ եղեալ ընդ Կոստանդեայ՝ թագաւորին Ափխազաց՝ էառ զՔարթլ եւ զՈւփլիսցխէ. եւ դարձեալ հաշտեալ՝ խնամիք եղեն, եւ դարձոյց անդրէն: Յաւուրսն յայնոսիկ եկն Բուլկասիմ զօրապետն Սարակինոսաց՝ ի Հայս եւ ապա ի Տփխիս, եւ անդի յՈւջարմոյ բերդն, եւ էառ զնա: Եւ Կոյրիկէ քորեպիսկոպոսն եկն առ նա, եւ սիրեցաւ ի նմանէ, եւ դարձաւ անդէն ի Դուին: Եւ Սմբատ արքայն Հայոց խոյս ետ ի նմանէ, եւ եկն շրջէր ի լերինս Ափխազեթայ. իսկ բռնաւորն սպասէր նմա, քանզի պերճացեալ էր յաղթութեամբն Վրաց. քանզի առեալ էր զամենայն Քարթլ, եւ յոլով բերդս, զԹմօք եւ զԽուիլա, յորում եսպան զգեղեցիկ եւ զքաջ մանուկն Գօբուն՝ վասն Քրիստոսի, զի ոչ ուրացաւ զնա. զորոյ վկայութիւնն գրեաց սուրբ հայրն մեր Ստեփանոս: Վկայեաց եւ սուրբ թագաւորն Սմբատ՝ ի նոյն բռնաւորէն՝ ի Դուին քաղաքի. բոլոր տարի մի չարչարեալ, եւ ապա խեղդամահ սպանին կախեցին զփայտէ, զի մահակից եւ խաչակից լինի Քրիստոսի:

THE GEORGIAN CHRONICLE

At that time the Abkhaz king, Giorgi, and Lewon's son-in-law, Demetre, arose and captured K'art'li while Liparit took T'rheghk' and built Kltekars. He made Bagrat's son, Dawit, his heir in the time of the world-ruler Smbat, king of Armenia, who battled with the Abkhaz king, Constantine, and took K'art'li and Up'lists'xe. Once again making peace, they became in-laws and he turned back. In those days, the Saracen military commander, Bulkasim,[67] came to Armenia, then to Tiflis and thence to Ujarma fortress which he took. The suffragan bishop Koyrike came to him, found affection and departed thence to Duin. Now Smbat, king of Armenia, eluded him and went wandering about the mountains of Abkhazia. The tyrant awaited him, for he had grown haughty with the conquest of Iberia, having taken all of K'art'li and numerous fortresses, [such as] T'mok' and Xuila, wherein he had slain the handsome and valiant lad Gorun, since he refused to deny Christ. [Gorun's] martyrdom was written down by our blessed father, Step'anos. The blessed king Smbat also was martyred by the same tyrant in the city of Duin.[68] He was tortured for one full year, then strangled and hanged on wood, so that he share the death and Cross of Christ.

---

67 *Bulkasim:* Abu 'l-Qasim Yusuf.
68 d. 914.

ԺԷ

Յայնմ ժամանակի մեռաւ թագաւորն Ափխազաց Կոստանդին՝ թողեալ երկուս որդիս՝ զԳորգի եւ զԲագարատ, որ կռուէին ի վերայ թագաւորութեան՝ մինչեւ մեռաւ Բագարատ: Եւ թագաւորեաց Գէորգի, այր բարի եւ շինող եկեղեցեաց: Մեռաւ քորեպիսկոպոսն Կոյրիկէ, եւ էառ զտեղի նորա Փատլ՝ որդի նորա, որ շինեաց զբերդն Լոծոբան: Յաւուրսն Գէորգայ՝ եկն Սաջոբ ամիրայն, եւ այրեաց զՄցխեթա, եւ գերեաց զխաչն Նունեայ՝ կուսորատեալ. եւ եղեւ ի նոսա ախտս իմն փորի, եւ գիտացին թէ ի խաչէն է պատուհասն. եւ ժողովեալ զհատեալ մասունսն եւ լցին յամանս, եւ կանգնեցին ի տեղւոջ իւրում: Եւ թագաւորն Ափխազաց ետ զՔարթլ՝ Կոստանդնի որդւոյ իւրոյ. որ եւ զկնի երից ամաց ապստամբեալ՝ մտաւ յՈւփլիսցիխէ. որ եւ խաբէութեամբ հանեալ արտաքս՝ սպանին: Եւ զՓատլ փոխեաց Կիւրիկէ քորեպիսկոպոսն, եւ զԳորգի թագաւորն՝ Լեւոն որդի իւր: Յայնմ ժամանակի իշխանիկն էր թագաւոր ի կողմանս Հերեթոյ, եւ ունէր նա հերձուած, եւ մայր իւր դարձոյց յուղղափառութիւն: Զկնի Լեւոնի թագաւորեաց Դեմետրէ որդի նորա: Եւ եկն եղբայր նորա Թէոդոս ի Հոռոմայ, եւ վիճէին վասն հայրենեացն. եւ ապա հաշտեալ՝ երդուան միմեանց: Եւ ստեաց Դեմետրէ, եւ խարեաց զաչքն եղբօրն. բայց զկնի մահուան նորա զԹէոդոս եդին յաթոռն:

Եւ Դաւիթ կիւրապաղատն՝ թագաւոր Տայոց՝ սնուցանէր զմանուկն Բագրատ՝ զորդին Գուրգենայ. եւ խնդրեցին զնա թագաւոր Ափխազեթոյ: Եւ Ռատն էր ի Կարս, եւ ունէր զբերդն Ատենոյ եւ զհարաւակողմն Կուր գետոյ. սա ոչ հրնազանդէր Բագրատայ. եւ ի վերայ Ռատին: Եւ քսեցին առ Դաւիթ կիւրապաղատն՝ եթէ գլուխ քո խնդրեն. եւ հաւատաց բանիցն, եւ ձեռնատուութեամբ Հայոց՝ փախոյց զզօրսն:

XVII

In that period the Abkhaz king, Constantine, died leaving two sons, Gorgi and Bagarat, who fought for the realm until Bagarat died. Then Georgi, a good man and a church-builder, reigned. The suffragan bishop Koyrike died and was succeeded by his son, P'atl, who built Lodzoban fortress. In Georgi's day, amir Sajab came and burned Mts'xet'a and captured the fragmented cross of Nune. He became afflicted with a stomach ailment and they realized that the scourge was caused by the cross. Gathering together the broken fragments, they filled them into a pan and hung it in its proper place. The Abkhaz king gave K'art'li to his son, Constantine. But after three years he rebelled and entered Up'lists'ixe. He was treacherously lured out and slain. The suffragan bishop, Kiwrike, replaced P'atl, and Lewon, son of king Gorgi, replaced his father. In this period, Ishxanik was king of the Heret' region and was a heretic but his mother turned him to Orthodoxy. After Lewon, his son Demetre reigned. His brother T'eodos arrived from Rome and they quarreled about the patrimony. But then they made peace and swore [oaths of reconciliation] with each other. Demetre broke [the oath] and had his brother's eyes put out. But after his own death, they placed T'eodos on the throne.

David Curopalate, king of T'ayk', raised Gurgen's son, the lad Bagrat. They sought him as king of Abkhazia. Now Rhat was at Kars and also held the fortress of Aten and the south side of the Kur river. He did not submit to Bagrat. So [Bagrat's] father, Gurgen, came to his son and they wanted to go against Rhat. But [their foes] whispered to David the Curopalate, indicating that [the two] wanted his head. And [David] believed it. With Armenian assistance, he put their forces to flight.

Եւ Բագրատ գնաց միայն, եւ անկաւ յոտս նորա, եւ երդուաւ՝ եթէ ի վերայ Ռատին երթայյաք. եւ այնմ եւս հաւատաց, եւ արձակեաց զնա հաշտութեամբ: Եւ գնաց ի յԱփխազէթ. եւ ի ձմերային յեղանակին դարձաւ ի վերայ Կլտէկարուց՝ հնազանդել զՌատն. եւ ել ընդ առաջ նորա, առեալ ընդ իւր զորդի իւր՝ զԼիպարիտն. եւ յանձնեաց նմա, եւ ինքն նստաւ ի հայրենիս իւր յԱրգուէթ:

Յայնմ ժամանակի զօրացաւ Փատլուն՝ ամիրայն Գանձակայ, եւ հարկանէր զիշխանսն Կախեթոյ եւ Հերեթոյ: Եւ առաքեաց Բագրատ՝ թագաւոր Ափխազաց, առ Գագիկ՝ թագաւորն Հայոց՝ երթալ ընդ նմա ի վերայ Փատլայ ամիրային: Եւ չոքան երկոքեան ի Գանձակ, եւ արարեալ ընդ հարկաւ՝ դարձան աւարաւ: Եւ յաջողեցաւ թագաւորութիւնն Բագարտայ, եւ շինեաց վանորայս եւ եկեղեցիս՝ ամս երեսուն եւ վեց. եւ վախճանեցաւ ի թուին Վրաց երկու հարիւր երեսուն եւ հինգ:

Եւ թագաւորեաց որդի նորա Գէորգի՝ ամաց վեշտասանից: Ի հինգերորդ ամի թագաւորութեան սորա՝ եկն Վասիլ կայսրն. եւ ընդդէմ գնաց նորա ի գաւառն Բասենոյ. եւ իբրեւ ետես եթէ բազումք են՝ դարձաւ անդրէն. եւ Վասիլն գնաց զհետ նորա, եւ այրեաց զքաղաքն Ուխտեաց. եւ դարձաւ Գէորգի եւ կռուեցաւ. եւ անկան յերկուց կողմանց բազումք ի տեղւոջն՝ որ կոչի Շիրիմք. եւ սպանին զՌատն՝ որդի Լիպարտի, եւ զԽուրսի: Բայց մեծ քաջութիւն եցոյց Գէորգի, եւ դարձոյց զՎասիլն. այլ հպարտացեալ Վրաց սակաւ յաղթութեամբն՝ հետամուտ լինէին, եւ մաշէին ի սուր սուսերին Յունաց: Եւ երկիցս եւ երիցս գրգռեցին պատերազմն Վիրք, եւ կորեան եւ կործանեցան, եւ երկիրն նոցա աւերեցաւ. քանզի եղեալ զխառն կենսատու առաջի՝ սրբասէր Վասիլն՝ Եթէ տաս ինձ, ասէ, կորանալ առաջի թշնամեաց իմոց՝ ոչ ծառայեցից քեզ պատճառ փրկութեան մերոյ եւ նշան յաղթութեան: Վասն որոյ յաղթահարեալ Գէորգի, եւ յամենայն կողմանց տարակուսեալ՝ ետ պատանդ զորդի իւր զԲագրատ՝ ամաց երից, եւ խոստացաւ ծառայել նմա:

Bagrat then went [to David] alone, fell at his feet and swore that he was going against Hrat. [David] believed that too and released him in peace. [Bagarat] then went to Abkhazia, and, in wintertime, turned upon Kltekars to subjugate Hrat. The latter arose before him, taking his son, Liparit, along. He entrusted Kltekars to him and then resided at his patrimony, Arguet'.

At that time the amir of Gandzak, P'atlun, grew strong and struck at the princes of Kaxet' and Heret'. And Bagrat, king of Abkhazia, sent to Gagik, king of Armenia, so that he go with him against amir P'atlun. The two went to Gandzak, made it tributary, and returned with booty. Bagrat's kingdom prospered. He built monasteries and churches [for] 36 years. He died in 235 of the Georgian Era.[69]

His son Georgi[70] succeeded him, ruling for 16 years. In the fifth year of his reign, the emperor Basil came, and [Georgi] went against him in the Basen district, but when he observed their multitude, he turned back. Now Basil pursued him and burned the city of Uxtik'. Georgi turned back and they fought. Many fell on both sides at the place called Shirimk'. They killed Liparit's son, Hrat, and Xursi. Georgi displayed great valor and made Basil turn back. The Georgians, swelled with pride over their small triumph, pursued the Greeks and put them to the sword. Twice and three times the Georgians provoked battles, but they were lost and wiped out, and their land was ruined. For the saint-loving Basil had placed the vivifying Cross before [him] saying: "If You destroy me before my enemies, I shall not serve You as the cause of our salvation and the symbol of victory." Consequently, Georgi defeated and in a state of total confusion, gave his son, Bagarat, as a hostage for three years and promised to serve [Basil].

---

69 A.D. 1014.
70 *George I*, 1014-27.

Եւ գնաց Վասիլն ի Տրապիզոն. եւ կոչեցեալ առ ինքն զմեծ կաթուղիկոսն Հայոց զՊետրոս՝ ի տօնի յայտնութեանն, եւ օրհնեաց զջուրն առաջի նորա. եւ ետես կայսրն մեծ սքանչելիս ի վերայ ջրոյն, եւ գովեաց զհաւատս Հայոց, եւ գնաց ի Կոստանդնուպօլիս: Եւ զկնի երից ամաց՝ արձակեաց զտղայն Բագրատ առ հայրն իւր: Եւ զկնի երկուց ամաց գալստեան որդւոյն՝ մեռաւ Գէորգի, թողլով երկուս որդիս՝ զԲագրատ եւ զԴեմետրէ, եւ երկուս դստերս:

Եւ էառ զթագաւորութիւնն Բագրատ. եւ չոքաւ մայրն նորա Մարիամ ի Կոստանդնուպօլիս, եւ եբեր թուղթ դաշանց խաղաղութեան եւ պատիւ կիւրապաղատութեան՝ որդւոյ իւրոյ. եւ կին նմա էած յազգէ թագաւորացն Յունաց՝ Հեղինէ անուն. եւ պսակեցաւ նովաւ Բագրատ, եւ էառ միւս եւս կին՝ զԲորենա, դուստր թագաւորին Օսեթոյ: Եւ եղբայր նորա Դեմետրէ համահայր եւ ոչ համամայր, խորհեցաւ ի ձեռն իշխանաց ոմանց թագաւորել. եւ իբրեւ ոչ յաջողեցաւ՝ ել եւ գնաց ի Կոստանդնուպօլիս, ընդ իւր տարեալ զերկիրն Անակոփիոյ, որ եւ մնաց առ նոսա մինչեւ ցայսօր ժամանակի. եւ տիրեաց Բագրատ ամենայն հայրենեաց իւրոց: Եւ Լիպարիտ եւ Իւանէ զօրագլուխք՝ նպաստ լինէին թագաւորութեանն: Սոքա խաբկանօք առին զՏփխիս ի Ջափար ամիրայէն, եւ դարձեալ խղճացին եւ թողին ի Ջափար. բայց նա ոչ պահեաց զհնազանդութիւն թագաւորին Ափխազաց: Եւ եկն թագաւորն նստաւ ի վերայ Տփխեաց. նոյնպէս եւ թագաւորն Կախեթոյ՝ Գագիկ, որդին Հայոց արքայի: Եւ սովեցաւ քաղաքն, մինչ եղեւ լիտր մի միս իշոյ՝ հինգ հարիւր դրամ. Եւ առին զՏփխիս, եւ անդրէն յամիրայն թողին, մինչեւ մեռաւ Ջափարն. եւ ապա եմուտ ի Տփխիս թագաւորն Բագրատ, եւ էառ զամրոց բերդին: Սա շինեաց զպարիսպն Ախալքաղաքի. եւ զի մայր նորա Մարիամ՝ դուստր էր Սենեքերիմայ Հայոց արքայի, ետուն զքաղաքն Անի՝ բնակիչք նորա՝ ի թագուհին Մարիամ:

Basil then went to Trapizon and summoned the great Armenian Catholicos Petros for the feast of Epiphany. Petros blessed the waters in his presence. The emperor saw a great miracle [unfold] above the water, praised the faith of the Armenians, and then returned to Constantinople. After three years he sent the boy Bagarat back to his father. Two years following the return of his son, Georgi died leaving two sons, Bagrat and Demetre, and two daughters.

Then Bagrat reigned. His mother, Mariam, went to Constantinople and returned with a treaty of peace and the dignity of curopalate for her son.[71] A woman named Helen, from the line of the Greek kings, was sent to be his wife. Bagrat married her and [after her death] took another wife, Borena, daughter of the Ossetian king. Under the urging of some princes, his brother Demetre, born of the same father but not of the same mother, planned to reign. Not succeeding, he arose and went to Constantinople taking with him the Anakop'os country, which has remained theirs until the present. And Bagrat ruled his entire patrimony. The military commanders Liparit and Iwane aided the kingdom. By siege they took Tiflis from amir Jap'ar, but then regretted this and left it to him. However, he did not remain loyal to the Abkhaz king. The king arose and besieged Tiflis, as did Gagik, king of Kaxet', son of the Armenian king. The city was so reduced by hunger that one litr of ass flesh cost 500 dram. They took Tiflis but left it to the amir until Jap'ar died. Then king Bagrat entered Tiflis and took the fortress' stronghold. It was [Bagrat] who built the wall of Axalk'aghak'. And since his mother, Mariam, was the daughter of Senek'erim [Artsruni], the Armenian king, the residents of Ani gave that city to the queen[-mother] Mariam.

---

71 ca. 1031/32.

Իսկ Լիպարիտն մեծ՝ խորհրդակցութեամբ այլոց ազատաց, կոչեաց զԴեմետրէ ի Յունաց՝ թագաւորեցուցանել զնա. եւ ոչ յաջողեցաւ. այլ անդրէն դարձաւ զօրքն Հոռոմոց, որք էին ընդ նմա: Եւ Վասիլն հնազանդեցաւ թագաւորին Բագրատայ՝ ինն բերդաւ, եւ մեծացաւ Բագրատ յոյժ: Սա ետ զթագաւորութիւն արքայութեան իւրոյ ի Գորգի՝ յորդին իւր. եւ չոգաւ ի Կոստանդնուպօլիս առ Մոնոմախ կայսրն. եւ էր մեծարոյ առաջի նորա: Եւ յետ երից ամաց դարձոյց զնա կայսրն յերկիր իւր, աղաչացեալ զնա Գորանդուխտ քոյրն Բագրատայ: Եւ ընդ առաջ եղեն նմա ամենայն մեծամեծք, եւ արարին ուրախութիւն մեծ: Բայց Կիւրապաղատն Լիպարիտ ունէր լիով զվերին աշխարհն, եւ ոչ էր հաճեալ ընդ թագաւորութիւնն Բագրատայ, թէ եւ սնուցեալ էր զորդի նորա եւ թագաւորացեալ. վասն որոյ դարան գործեալ նմա՝ կալաւ իշխանն Սուլա, հանդերձ որդւովն Իւանէիւ, եւ տարաւ առաջի Բագրատայ. ընդ որ մեծապէս խնդացեալ՝ ետ Սուլայի զՑիխիսջուար եւ զՕձրխէ եւ պարգեւս բազումս: Չարչարեալ զԼիպարիտն՝ առին զամրոցսն. եւ ագուցին նմա հանդերձ կրօնաւորի, եւ առաքեցին առ կայսր. որ եւ զկնի սակաւ ինչ ամաց՝ մեռաւ անդէն. եւ զդի նորա բարձեալ բերին ծառայքն, եւ թաղեցին զնա ի Կացխէ՝ ի գերեզման հարց իւրոց. եւ զԻւանէ որդի նորա՝ արարին տէր Արգուեթոյ միայն:

Յայնմ ժամանակի զօրանայր ոմն ի Թուրքաստանէ եւ սուլտանանայր, Դուղլուբաք անուն, ի նուաղելն սարակինոսաց. եւ տիրէր ազգաց եւ գաւառաց բազմաց:

Now great Liparit, in consultation with other azats, called Demetre back from Greece, to enthrone him. But this did not succeed. Rather, the Roman troops who were with [Demetre] turned back, and Basil was obliged to cede to king Bagarat nine fortresses. And Bagrat became extremely great. He gave the rule of his monarchy to his son, Gorgi, and went to emperor Monomachus in Constantinople,[72] who exalted him. After three years the emperor returned him to his own country, requesting of Bagrat his sister, Goranduxt. All the grandees came before him and rejoiced greatly. However, the curopalate Liparit held completely the upper land and was displeased with Bagrat's rule, despite the fact that he had raised his son and had been made [a] king. Consequently prince Sula ambushed him and his son, Iwane, and took them before Bagrat. At this [the king] was delighted and gave Sula Ts'ixisjuar, Odzrxe, and many gifts. Torturing Liparit, the king took many [of his] strongholds, dressed him in clerical garb, and sent him to the emperor. After a few years there, he died. Servants took his body and buried it in his patimonial cemetary in Kats'xe. And they made his son, Iwane, the lord of Arguet' only.

At that time a certain man from T'urk'astan, named Dughlubak' [Tughril Beg] grew strong and became sultan, as the Saracens were growing weaker. He ruled many peoples and districts.

72 1042-1055.

Եւ զնա փոխէր որդի նորա Արփասլան. եւ գայր առնոյր զամենայն տունն Քարթլայ, կոտորէր եւ գերէր. եւ խաղացեալ գնայր ի մայրաքաղաքն Հայոց ի յԱնի, եւ առնոյր զնա, եւ լնոյր արեամբ կոտորելոցն: Եւ ա՛յլ եւս սպառնայր Վրաց աշխարհին, եթէ ոչ տացէ նմա Բագարատ՝ զդուստր քեռ իւրոյ ի կնութիւն. որ էր նա դուստր եղբօր Կիւրիկէի Հայոց արքայի. յորմէ խնդրէր Բագարատ աղաչանօք, եւ ոչ տայր զնա Կիւրիկէ. մինչ գործեցին նմա որոգայթ Վարազբակուր եւ Գամրիկէլ զօրագլուխն Վրաց, եւ ըմբռնեցին զնա յանտառին Քուիշոյ. եւ ազդ արարին Բագրատայ. եւ գնաց առ նա, եւ էառ զաղջիկն եւ զՇամշոտէ ի ձեռաց նորա, եւ ապա արձակեաց: Իսկ Սուլտանն զկնի երից ամաց դարձաւ ի վերայ Վրաց, եւ ելից արեամբ զերկիրն: Եւ առեալ զՏփխիս՝ ետ ի յամիրայն Գանձակայ ի Փատլուն: Եւ Ասխարթան՝ որդի Գագկայ, թագաւորին Կախեթոյ՝ եկն առ նա, եւ շրջէր ընդ նմա՝ մինչեւ գնաց Սուլտանն:

Զկնի այնորիկ կամեցաւ թագաւորն Բագրատ գնալ ի վերայ Տփխեաց. եւ լուաւ Փատլուն, եւ եկն ի վերայ նորա: Եւ առաքեաց զԻւանէ որդի Լիպարտին՝ ամենայն զօրօքն Վրաց՝ ընդ առաջ նորա, եւ հարին զզօրսն ամենայն, մինչ երկոտասան արամբ միայն փախեաւ մազապուր՝ ընդ ճանապարհն Ծիլկանայ. եւ գնաց եւ պատեաց առ զետեզերբն Արգագայ. եւ ասէր դիպելոցն՝ եթէ Հրեշտակ աւետեաց եմ Փատլնոյ, զի հարան զօրքն Ափխազաց: Եւ ոմն ծանուցեալ զնա՝ ասէ. Դու իսկ ես ամիրայն ամիրաց Փատլուն: Եւ գոչեաց ձայնիւ մեծաւ, եւ հնչեաց երկիրն, եւ ձայն տուեալ միմեանց՝ ըմբռնեցին զնա բնակիչք գաւառին, եւ տարան առ Բագրատ. եւ էառ ի նմանէ զՏփխիս եւ զԳագ եւ զՔօզիննն՝ զոր առեալ էին Պարսք ի Հայոց եւ ի Վրաց, եւ դահեկանս ութհարիւր քառասուն եւ ութ, եւ զորդի նորա պատանդ, եւ արձակեաց զնա:

He was succeeded by his son, Alp-Arslan. He came and took all of K'art'li, killing and enslaving. Then he went to Ani, capital of Armenia, took it, and filled it up with the blood of the slain. He further threatened [to ravage] the land of Georgia if Bagarat refused to give him for a wife his uncle's [mother's brother's] daughter who was daughter of [his] brother Kiwrike, the Armenian king. Bagarat requested her with entreaties, but Kiwrike refused. Then the Georgian military commanders, Varazbakur and Gamrikel, entraped and seized him in the K'ushoy forest. They notified Bagarat, who went to him, took from him the girl and Shamshoyte, and then set him free. But after three years he turned upon Georgia and filled the country with blood. Capturing Tiflis, he gave it to the amir of Gandzak, P'atlun. And Asxart'an, son of Gagik, king of Kaxet', came to him and circulated around with the Sultan until he departed.

After this, king Bagrat wanted to go against Tiflis, but P'atlun heard about this and came against him. And he dispatched Liparit's son, Iwane, before him with all the Georgian troops and they defeated the entire army such that only twelve men escaped by a hairsbreadth over the Tsilkan road. Then he went and spread about by the sources of the river Argag. He said to those he encountered: "I am P'at'lun's messenger of glad tidings, for the Abkhaz army was defeated". Recognizing him, a certain man said: "Why, you are the amir of amirs, P'at'lun himself!" He roared with a great noise and the ground quaked. The inhabitants of the district, informing each other, seized him and took him to Bagrat. And [Bagrat] took from him Tiflis, Gag, and K'ozin, which the Iranians had taken from the Armenians and Georgians, 848 dahekans, and his son as a hostage, and then let him go.

CHAPTER XVII

Յետ այնորիկ մեռաւ Բագրատ բարի անուամբ. եւ էառ զթագաւորութիւնն որդի նորա Գէորգի կիւրապաղատն, որ իշխէր ընդ հօրն ի կենդանութեան նորա: Եւ ապստամբեաց ի նմանէ Իւանէ՝ որդին Լիպարտի. եւ յինքն յանկուցեալ զպահապանս դղեկին Գագայ՝ վաճառեաց զնա դարձեալ տեառն Գանձակայ: Յաւուրսն յայնոսիկ գայ Մելիք Շահ Սուլտանն, եւ առնու զՇամշուտէ, եւ աւար հարկանէ զտունն Քարթլայ, եւ դառնայ ի Գանձակ. եւ թողեալ անդ ամիրայ զՍրահանգն՝ չոքաւ ի տեղի իւր: Զկնի աւուրց եկն Սրահանգն ի վերայ Գէորգայ, եւ յաղթահարեալ՝ գնաց փախստական ի Գանձակ: Եւ էառ Գէորգ ի Յունաց զամենայն բերդսն՝ զոր առեալ էր նոցա, զԱնակոփի՝ ի գլուխն Ափխազեթոյ, եւ յերկիրն Կլարճէթոյ եւ ի Շաւշէթոյ եւ ի Ջաւախեթոյ եւ յԱրտահանայ՝ յոլով ամրոցս, եւ զԿարս եւ զՎանանդ, նոյնպէս եւ զՇամշուտէ ի Թուրքաց: Իբրեւ լուաւ զայս Մէլիք Շահ Սուլտանն՝ եկն եւ անդրէն էառ զՇամշոյտէ, եւ գերեաց զՎիրս եւ զԻւանէ իշխան, եւ չոգաւ: Յաւուրսն յայնոսիկ՝ մինչեւ էր Գէորգի ի բանակս, եկն առ նա Գրիգոր՝ որդին Բակուրանայ, տէրն Ուխտեաց եւ Կարուց եւ Կարնու քաղաքի, եւ խնդրեաց ի նմանէ զԿարս, եւ եթող նմա լինել զիւրսն: Յաւուրսն յայնոսիկ ասպատակեցին Թուրք յերկիրն Վրաց, եւ բազում արիւնս հեղին, եւ զյոլովս գերեցին եւ գնացին. որոց գլխաւորին անուն Բուժղուբ կոչէին: Զի կատարեցաւ բանն Եսայեայ՝ որ վա՛յ տայ ազգի մեղաւորի եւ լցելոյ մեղօք, զի յոտից մինչեւ ցգլուխ ոչ գոյր ի մեզ ողջութիւն:

Զայս ամենայն կրեալ եւ տեսեալ թագաւորն Գէորգի՝ զի ոչ ուստեք գոյր ակնկալութիւն փրկութեան, եդ զոգի իւր ի ձեռին իւրում, եւ չոգաւ առ Սուլտանն Մելիք Շահ. եւ եգիտ շնորհս առաջի նորա, եւ պարգեւօք անդրէն դարձաւ եւ դաշամբ խաղաղութեան, միայն զի հնազանդութեամբ հարկի հոգ տարցի եւ մի՛ երկիցէ: Սակայն զի չարութիւնք մեր ի մեզ էին, ի Զատկի տօնին ոչ ետ մեզ ցնծալ յարութեամբն Քրիստոսի՝ մեղքն մեր բազմացեալ. քանզի հայեցաւ Տէր յերկիր բարկութեամբ, եւ դողացոյց զսա ի հիմանց. զի լերինք եւ եկեղեցիք տապալեցան, եւ դարձաւ տօնն մեր ի սուգ՝ ըստ գրեցելումն:

After this, Bagrat died with a good reputation,[73] and his son, the curopalate Georgi,[74] who had been ruling with his father during his lifetime, succeeded. Liparit's son, Iwane, rebelled from him. Winning over the guards at the keep of Gag, he sold it once again to the lord of Gandzak. In those days, Sultan Malik-Shah came and took Shamshoyte, looted K'art'li, and turned to Gandzak. Leaving amir Srahang there, he went to his own place. After some days Srahang came against Georgi; but, vanquished by him, he fled back to Gandzak. Georgi took back from the Greeks all the fortresses which they had taken from them: Anakop'i to the head of Abkhazia, and in the Klarchet' country, and in Shawshet', Jawaxet', and Artahan and many strongholds, plus Kars, and Vanand as well as Shamshoyte from the Turks. As soon as sultan Malik-Shah heard about this, he came and retook Shamshoyte, captured Georgians and prince Iwane, and departed. In those days, while Georgi was in the army, Grigor, son of Bakuran, lord of Uxtik', Kars and Karin city, came to him and requested Kars of him, leaving the matter to him. In those days, the Turks raided Georgia, spilling much blood, taking captives, and then departing. Their head was named Buzhghub. And the word of Isaiah was fulfilled, that "Woe to the people sinful and full of blame, for there shall be no health given them from head to foot."

When king Georgi saw and bore this, as he expected salvation from no quarter, he gave up to [Buzhghub] his son and went to sultan Malik- Shah. He found favor with him and returned thence with gifts and a peace treaty [to the effect that] if he would obediently see to [paying] taxes, he should have no fear. But because our wickedness comes back upon us, our multiplied sins prevented us from joyously celebrating the resurrection of Christ on Easter. For the Lord looked upon the country in anger and shook it from its foundation. For mountains of rock crashed down like dust, and cities, villages and churches were overturned, and our feast turned to mourning, as it is written.

---

73 A.D. 1072.
74 *George II*, 1072-1112.

ԺԸ

Բայց ոչ իսպառ բարկացաւ Տէր, եւ ոչ յաւիտեան պահեաց ոխս. այլ գթացաւ իբրեւ հայր յորդիս, եւ ետ մեզ զաւակ, զի մի՛ լիցուք իբրեւ զՍոդոմ եւ զԳոմոր, եւ յարոյց մեզ զեղջիւր փրկութեան ի տանէ Դաւթի, զԴաւիթ՝ զորդի Գէորգեայ, միածին, ի նոյն իսկ յազգէ աստուածահօրն Դաւթի, ի Բագրատունի տանէ. զոր հայրն իւր Գէորգի պսակեաց ի ծերութեան իւրում. զճշմարիտն ասել՝ Հայրն երկնաւոր առ նա ասացեալ՝ Գտի զԴաւիթ ծառայ իմ, եւ իւղով սրբով իմով օծի զնա. ձեռն իմ ընկալցի զնա, եւ բազուկ իմ զօրացուսցէ, այլովքն հանդերձ: Եւ եղեւ մեզ առաւօտ, եւ շնչեաց ի մեզ հոգի կենդանութեան, եւ ե՛լ փչող աշխատեալ երեսաց մերոց: Եւ էր նա ամաց վեշտասանից, եւ լի հանճարով իմաստից. քանզի զորդին Լիպարտի՝ զԻւանէ եգիտ ապստամբ, եւ զկնի դառնալոյն ի գերութենէ՝ կալաւ զնա եւ եդ ի բանտի՝ զի խրատեսցի. եւ դարձեալ եհան ի կապանաց, եւ ի նոյն մեծութեանն պատուէր զնա. եւ իբրեւ դարձաւ որպէս զշուն ի փսխածն վերստին ըմբռնեաց զնա, եւ առաքեաց առ Յոյնս:

Ի չորրորդում ամի թագաւորութեանն Դաւթի՝ մեռաւ Մելիք-Շահ Սուլտանն: Եւ ելին Փռանկք, եւ առին զԵրուսաղէմ եւ զԱնտաք եւ զամենայն ծովեզերեայսն: Եւ զօրացաւ Դաւիթ, եւ շինեցաւ Քարթլայ տունն, եւ ոչ տայր հարկս Թուրքաց: Մեռաւ Կիւրիկէ թագաւորն Տախեթոյ, եւ էառ զթագն եղբօրորդի նորա Ախարթան: Հայեցաւ Դաւիթ իմաստութեամբն յեկեղեցիս, զի ոչ գոյր նոցա ճրագ. այլ առաջնորդք կոյրք եւ զօշաքաղք, այլ եւ աւազակք, որք ընդ որմ եւ ընդ երդս մտանէին, եւ ոչ հովուաբար ընդ դրունս: Այսպէս էին ի ժամանակին եպիսկոպոսք. եւ ձեռնադրէին քահանայս կաշառօք՝ նմանս իւրեանց, եւ կացուցանէին քորեպիսկոպոսս անմիտս եւ ագահս, եւ տնկէին զանօրէնութիւն ի տան Աստուծոյ:

XVIII

However, the Lord did not become totally angry, and did not keep His grudge forever. Rather, He pardoned [us] as a father [pardons a] son and gave us a son so that we not resemble Sodom and Gomorrah. He raised up for us the horn of salvation from the House of David—Georgi's only son, David, from the very same line of the father of God, David—from the Bagratid house. His father Georgi, in his old age, crowned him, speaking the truth: "The heavenly Father said unto him, 'I have found my servant David and I annoint him with my holy oil. May my hand lift him up and my arm strengthen him, with others.' It became morning for us, and the spirit of life breathed in us and blew [cool air] upon our weary brows. [David] was 16 years old and full of brilliant wisdom. For [in] Liparit's son, Iwane, he recognized a rebel and after [Iwane] returned from captivity, [David] put him into prison so that he be counseled. But as soon as he had removed his fetters and honored him with the same greatness [he had enjoyed before], then, like a dog, he returned to his own vomit. Once again [David] seized him and sent him to the Greeks.

In the fourth year of David's reign, sultan Malik-Shah died.[75] Then the Franks arose and (re)took Jerusalem, Antioch and the entire [Levantine] coast. David grew powerful and built up K'art'li, and did not pay taxes to the Turks. King Kiwrike of Kaxet' died and Asxart'an, his brother's son, reigned. David looked upon the Church wisely—for it had no light. Rather, the leaders were blind and avaricious and robbers had entered [the churches] through the walls and windows rather than through the doors, like shepherds. Such were the bishops in this period. They ordained priests for bribes, as they themselves [had been ordained], they set up stupid, greedy suffragan bishops and implanted lawlessness in the House of God.

---

75 A.D. 1092.

Եւ ակն մեծ՝ հայէր եւ ոչ հաճէր. քանզի ոչ որպէս մեղք յեկեղեցիս եւ յաշխարհիս, հովուաց եւ խաշանց, վարդապետաց եւ ռամկաց. այլ ծառայ՝ որ գիտիցէ զկամս տեառն իւրոյ եւ սխալէ՝ արբցէ գան բազում: Վասն որոյ հաւաքեաց առ ինքն զկաթուղիկոսն եւ զեպիսկոպոսունսն եւ զքահանայս անզգամացեալս. եւ հրամայեաց ընտրութիւն առնել ի մէջ լաւին եւ վատթարացն, եւ արտաքսել զանարժանսն, եւ տեսանել զկանոնական հրամանսն, եւ այնպէս վարել զաստիճանս յեկեղեցի եւ տալ հրաման տխմարաց: Եւ արարին այնպէս ըստ հրամանին աստուածային գրոց, եւ լաւացն ետուն զաթոռն եւ զխոտաասանսն եւ զգարշսն: Եւ զայս արարեալ իբրեւ զՄեծն Կոստանդիանոս, եւ ոյժ առեալ յԱստուծոյ՝ եհար սակաւուք զբազմութիւն զօրացն Թուրքաց, եւ կտրեաց զերթեւեկս նոցա յաշխարհէս քրիստոնէից: Քանզի ետ նմա Տէր զխոստումն արդարոց, զի մինն զհազարսն եւ երկուքն զբիւրսն հալածէին. քանզի ոչ որպէս Եղիազարոս Աւարան, որ արեամբ թշնամեացն մատղեալ ընդարմանայր, այլեւ զծոցն եւս լցեալ արեամբ՝ դառնայր ամբողջ, եւ արձակեալ զգօտին՝ թափէր եւ թեթեւանայր: Այլ եւ շինող վանորէից եւ եկեղեցեաց. որպէս եւ շինեաց ի վայելուչ տեղւոջ երկու տաճար՝ յանուն սուրբ Աստուածածնի. եւ ինքնին երթեալ տեսանէր զվանորայսն, զկարգս պաշտամանց եւ զհանգիստ հիւրանոցացն, եւ ըլնոյր զպակասն. շինեաց ի տեղիս տեղիս հօգոյ տունս՝ ի հանգիստ ճանապարհորդաց:

The great eye observed this and was displeased. For the sins of the church and land were not those of shepherds and flocks, vardapets and common people but rather [resembling] the servant who, knowing his lord's will and straying, must take many beatings. Consequently [David] assembled by him the Catholicos, the bishops, and the stupefied priests, and ordered that an election be held among the good and bad and that the worthless ones be expelled. [So that] seeing the canonical orders the church hierarchy so act and [so] command the ignorant. They moved in accord with the command of Scripture, giving the [ecclesiastical] throne to the good, and removing the worthless, just as the inedible and loathsome are removed from the nets. He did this like Constantine the Great. Receiving strength from God, he struck the multitude of Turks with but a few troops and stopped their comings and goings in the land of the Christians. For the Lord had given him the promise of the just, and one [man] could put to flight 1,000 [enemies], and two [men], 10,000. For [he acted] not as Eghiazaros Awaran, who grew dazed, sticky with the enemies' blood, on the contrary, himself dripping with blood, he turned back the multitude, and then loosened his belt, bled, and relaxed. He was, moreover, a builder of monasteries and churches, just as he constructed two churches to the blessed Mother of God in a charming spot. He went in person to see after the monasteries, the orders of worship, and the comfort of hostels, and he provided whatever was lacking. In various places he constructed houses for the soul, for the rest of travelers.

Յայնմ ժամանակի ապստամբեցին Թուրքք իբրեւ տասն հազար ի Թռեղս. եւ Դաւիթ էր ի Նաճարմադ. իբրեւ լուաւ զնոցանէ՝ եկն առ նոսա զգիշերն ամենայն՝ սակաւ զօրօք, եւ ի ժամ առաւօտուն եհար զնոսա օգնութեամբն Աստուծոյ մինչեւ ցերեկոյ. եւ սակաւ մնացեալ՝ փախեան զգիշերն: Նոյնպէս եւ ի Տայոց երկիրն իջեալ կային բիւրաւոր բանակք Թուրքաց. չոքաւ եհար զնոսա, եւ էառ զկարասի նոցա, եւ լցաւ երկիրն Վրաց բարութեամբ: Եւ առաքեաց զորդի իւր զԴեմետրէ ի կողմն Շրուանայ. եւ աջողեցաւ նմա. եւ առեալ զբերդն Քալաձոր եւ դարձաւ խնդութեամբ: Եւ մինչ կատարէր զտօն Զատկին ի Նախէդրանն մեծն Դաւիթ, բերին նմա զրոյց եթէ սպանին զԲէշկէն ի Ջաւախեթի՝ Թուրքքն, եւ եկին նստան յեզրն Երասխայ: Եւ գնաց ի վերայ նոցա, եւ կոտորեաց եւ գերեաց զամենայն բանակս նոցա: Արար Դաւիթ խնամութիւն ընդ թագաւորսն Յունաց եւ Շրուանայ, տալով նոցա զդստերս իւր, եւ արար իւր թիկունս օգնականի: Եւ կին նորա Գորանդուխտ՝ դուստր էր Կիւչաղաց գլխաւորին, այսինքն՝ Հոնաց՝ Աթրակայ. եւ նոցա օգնականութեամբն հնազանդեցոյց զթագաւորսն Օսեթայ. եւ էառ պատանդս ի նոցանէ, եւ արար խաղաղութիւն ի մէջ Օսաց եւ Հոնաց. եւ էառ զբերդն Դարիալայ, եւ զամենայն դրունս Օսեթոյ ի Կաւկասու լեառն, ածելով անտի Կիւչաղս, որ կոտորեաց զզօրութիւնս Թուրքաց: Էառ եւ զբերդաքաղաքն Հայոց ՝ զԼօռէ. յորում ժամանակի մեռաւ Մալիքն՝ որդին Մելիք-Շահի, եւ Ալէքս՝ թագաւոր Յունաց. մեռաւ եւ Ճղունդիտելն Գիորգի՝ միամիտն ի մանկութենէ եւ սգաց զնա թագաւորն քսան աւուր՝ ամենայն թագաւորութեամբն, եւ թաղեաց զնա ի Նոր վանքն:

In that period some 10,000 Turks raided in Trialeti. David was at Nacharmad. When he heard about them, he came in the night with few troops. In the morning, with God's aid, he beat them until evening. Only a few survivors fled at night. Similarly, there were tens of thousands of Turkic troops which had descended into the Tayk' country. [David] went and struck them, and took their goods; and the country of Georgia filled up with good things. He sent his son, Demetre, to the Shirvan area, and he succeeded in taking the fortress of K'aladzor, returning thence in joy. But while the great David was celebrating the feast of Easter at Naxedran, they brought him news that the Turks had slain Beshken in Jawaxet' and had come and encamped on the shores of the Erasx. He went against them and destroyed and captured their entire army. David made marriage alliances with the kings of Greece and Shirvan giving his daughters to them and [thereby] getting [their] support. His wife, Goranduxt, was the daughter of the Qipchaq chief, that is At'rak of the Huns. With their aid he subjugated the Ossetian kings, took hostages from them and made peace between the Ossetians and Huns. He took the Darial fortress and all the gates of Oset' to Mount Kawkas. From there he sent the Qipchaqs, who went and destroyed the might of the Turks. [David] also took the fortress-city of the Armenians, Lorhe. At this time Malik-Shah's son, Malik', died, as did the Greek king Alexs and Georgi Dchqondideli who had been loyal from birth. The king and the entire kingdom mourned him for twenty days and buried him at Nor vank'.

Իսկ զԿիւչաղսն քառասուն հազար տամբ եւ որդւովք՝ առ իւր պահեաց ի Վրաց աշխարհին, եւ ա՛յլ եւս հինգ հարիւր մատաղատունկս, զոր սնուցանէր ի դրան իւրում՝ քրիստոնեայս, եւ ա՛յլ եւս օր ըստ օրէ մկրտէին եւ ուսանէին զհաւատս Տեառն մերոյ: Եւ սպառազինեաց զքառասուն հազարսն, եւ կացոյց նոցա սպասալարս, եւ նոքօք վանէր զՊարսք եւ զԹուրքաստան: Եւ է ասել զնա նման ընձու սրընթաց եւ արագահաս, որով զԱղեքսանդր՝ նկարագրէր տեսիլն Դանիէլի. որ ոչ էր պակաս ի նմանէ մերս Աղեքսանդրոս, թէպէտ ժամանակաւ կրտսեր, այլ քաղդիւ համեմատ. քանզի եհար զԹուրքն ի ձմերոցն Թուղարքայ, եւ լցաւ աւարաւ. յերեքտասանն փետրուարի եւ ի նոյն յօթնեակս պահոցն՝ էառ զԿապա քաղաքն, եւ ելից զՎիրս ոսկւով եւ արծաթով. եւ ի մայիսի հինգ՝ ասպատակեաց զԼայիժքն, մինչեւ ցՔուրդաւան եւ ցԽշտալան, եւ դարձաւ ճոխութեամբ ի Քարթլ: Եւ ի նոյն ամի գնաց յԱշորնիս, եւ եհար զբանակս Թուրքացն, մինչեւ չմնալ սգացողաց ի վրանս նոցա. եւ ի ժամանակս ձմերան չոգաւ յԱփխազէթ՝ մինչեւ ցԲինձիթա, եւ կարգաւորեաց զնոսա: Եւ զի Թուրքմանն յամարինսն ելանէր ի լերինս Հայոց, եւ ի ձմեռնային իջանէր յեզերսն Կուր գետոյ ի մարմանդ, բայց ոչ առանց բազում պատրաստութեան յերկիւղէն Դաւթի. իսկ յայնմ ամի անհոգացան վասն հեռաւորութեան թագաւորին. դարձաւ թագաւորն, եւ քերել ետ առաջի իւր զլեառն Լիխայ, եւ եկն ի Քարթլ. եւ եգիտ պատրաստական զզօրսն յամսեանն մարտի, եւ գնաց ի Խունան, եւ ոչ եթող ի բազմութենէ Թուրքացն ապրիլ: Եւ էանց ի պարտաւ, եւ եգիտ անդ գաղթականս ի Թուրքաց ի գեղամէջս, եհար զնոսա բերանով սրոյ եւ դարձաւ խաղաղութեամբ:

Now [David] kept with him on Georgian land 40,000 Qipchaqs with their families and sons, plus 500 young children whom he raised at his court as Christians, and still others, day by day, were baptized and studied the faith of our Lord. He armed the 40,000 and designated spasalars for them and repelled Iran and T'urk'astan with them. It is said that he resembed a swift, fleet-footed panther, by which the vision of Daniel described Alexander. Our Alexander was no less than he, although younger, yet comparable in fortune. For he struck at the Turks in [their] wintering grounds of T'ughark' and filled up with booty. On the thirteenth of February and on the same septenary of fasting, he took Kapa city and filled Georgia up with gold and silver. On May 5th he raided Layizhk' as far as K'urdawan and Xshtalan and returned to K'art'li in wealth. The same year he went to Ashorni and beat the army of Turks until there were not [even] mourners left in their tents. During wintertime he went to Abkhazia as far as Binchit'a and put [these areas] in order. Now the Turkmens ascended the mountains of Armenia in summertime and in wintertime descended to the warm meadows by the banks of the Kur river—but not without great preparation due to fear of David. However, that year they were without a care because of the king's distance. The king returned, skirting Mount Lix before him, and came to K'art'li. He found prepared troops in the month of March and went to Xunan and did not allow [any] of the multitude of Turks to live. He crossed to Partaw and, in the villages, he discovered fugitives from the Turks. He put them to the sword and returned in peace.

Յայնմ ժամանակի վաճառականք ոմանք ի Դմանեաց եւ Տփխեաց՝ կողոպտածք ի յազգէն Թուրքաց, եւ այլ եւս մնացորդք ի հարելոց անտի, սեւեցին զհանդերձս եւ կէսք զերեսս եւ ոմանք զձեռս եւ զոտս, եւ չոգան առաջի Սուլտանին՝ վա՛յ կարդալով անձանց՝ յերեսաց Դաւթին. Եւ կոչեաց առ ինքն Սուլտանն զթագաւորն Արաբացւոց, եւ զորդին Ալտուխին եւ զամենայն Ամիրայսն Միջագետաց, եւ առաքեաց զնոսա ի վերայ Դաւթի: Եւ յօգոստոսի երկոտասան՝ եկին հասին ի Թռեղս, ի Մանկլիս եւ ի Դիդգօրքն: Իսկ թագաւորն օգնական կոչելով զՅիսուս զԱստուածն մեր՝ դիմեաց ի վերայ նոցա համարձակութեամբ. եւ զառաջինն ընկէց ի յաւազացն եւ դարձոյց ի փախուստ. եւ զհետ մտեալ՝ եւ թռչնոց կացուցանելով զնոսա ընդ լերինս եւ դաշտս. եւ լցան ձիօք եւ ուղտօք եւ ջորւօք եւ կահիւք Արաբացւոց, եւ գերութեամբ ազնուական Ամիրայիցն: Եւ ո՞ր լեզու կարէ պատմել զաւուրն զհրաշսն՝ զոր ետ մեզ կեցուցիչն Քրիստոս: Եւ զի՞նչ են ինձ Հոմերոնի եւ Արիստոտելի պատմելն զՏրովական պատերազմն եւ զքաջութիւնն Աքիլլայ, եւ կամ զՅովսեպոսին՝ զքաջութիւնն Մակաբայեայ եւ զԱղեքսանդրուն գրել եւ կամ զՏիտոսին յԵրուսաղէմ. քանզի զչորեքհարիւր ամ ոչ կարացին զՏփխիս թագաւորքն Վրաց սեպհականել միահաղոյն՝ մինչեւ ցԴաւիթ:

Յաւուրսն յայնոսիկ չոգաւ Սուլտանն ի Ծրուան, եւ էառ զՇամախի եւ ըմբռնեաց զՇրուան-Շահ. եւ արձակեաց դեսպանս առ Դաւիթ, եւ ասէ. Ողջ լեր, արքայդ խորագոյն մայրեաց, որ ոչ իշխես ելանել յորջիցդ. եթէ կամիս՝ ե՛լ ի դարանէդ եւ տե՛ս զիս աստ, եւ եթէ ոչ՝ առաքեա առ իս զհարկն իմ եւ գնամ:

At that time some Turkish merchants from Dmanis and Tiflis who had been robbed, and other remnants who had been driven out, blackened their clothes, some their faces, some their hands and feet and went before the Sultan, bemoaning themselves because of David. The Sultan summoned the king of the Arabs, the son of Altux, and all the Mesopotamian amirs, and sent them against David. On August twelveth they reached Trialeti, Manklis and Didgork'. The king called upon Jesus our God for aid and calmly went against them. He downed the first among [their] seniors and put them to flight. Pursuing, he put all of them to the sword leaving them to the carnivorous beasts and birds of the mountains and plains. [The Georgians] filled up with horses, camels, donkeys, Arabian furniture and noble amir captives. What tongue can relate the wonders which our sustaining Christ gave us on that day? And what are the narrations of Homer and Aristotle to me about the Trojan War and the bravery of Achilles or Josephus' writings about the valor of the Maccabees or Alexander and Titus at Jerusalem? Because until David, for four hundred years, the kings of Georgia were unable to make Tiflis entirely their own.

Now in these days the Sultan went to Shirvan, took Shamaxi, seized the Shirvan-Shah and dispatched emissaries to David, saying: "Be well, king of the deepest forests, for you dare not issue out of your lairs. Should you wish to come out of your ambush, see me here. Otherwise, send me my taxes, and I shall depart."

Իբրեւ լուաւ թագաւորն՝ հրամայեաց հեծելոց, եւ հաւաքեցաւ ամենայն բազմութեամբ ուժոյ իւրոյ, եւ չոգաւ առ նա: Իբրեւ լուաւ Սուլտանն՝ զահի հարաւ, եւ մտաւ ի քաղաքն Շամախի, եւ ամրացոյց խոր փոսիւք. եւ առաքեաց առ նա եւ ասէ. Ոչ խնդրեմ ի քէն հարկս եւ ոչ պատերազմն, այլ ճանապարհ զի գնացից: Ի նմին ժամանակի Աթապակն Ռանայ՝ Ասխանդուլն գայ տասն հազարաւ առ Սուլտանն. եւ հարին զնա զօրքն Դաւթի, եւ ինքն մազապուր եմուտ առ Սուլտանն. եւ եւս զարհուրեալ Սուլտանն՝ ընդ ա՛յլ ճանապարհ գաղտագնաց եղեւ ի գիշերի յաշխարհն իւր. եւ թագաւորն յերկիր իւր դառնայր: Եւ զկնի ամսոյ միոյ՝ անդրէն դառնայր ի Շրուան. եւ առնոյր զԳուլստան բերդ՝ զարքայանիստն, եւ արարեալ զաշխարհն ընդ հարկաւ՝ դառնայր ի Վիրս: Նա էառ եւ զդղեակսն Հայոց՝ զԴմանիս, զԳագ, զՏէրունականն, զՔաւազինն, զՆորբերդն, զՄանասագոմ, զԽալինճքար. եւ անցեալ ի կողմն վերին ի Բասեն եւ յԻսպեր՝ ո՛ւր եւ գտանէր ի Թուրքաց՝ կոտորեալ ջնջէր, եւ դառնայր մեծաւ յաջողմամբ ի Վիրս՝ յօգոստոս ամսեան: Եւ հասանէր առ նա թուղթ ի յաւագացն Անւոյ՝ եթէ Ե՛կ, տացուք զքաղաքս ի ձեռդ քո. եւ գնաց վաթսուն հազար հեծելովք, եւ զկնի երից աւուրց էառ զնա. եւ դարձաւ ի Շրուան, եւ էառ զքաղաքն Շամախի, եւ զամենայն երկիրն. եւ թողեալ զօրս ի Հեր եւ Կախ, եւ գործակալ երկրին զՍիմէոն հաւատարիմն իւր, եւ դարձաւ ի Քարթլ:

As soon as the king heard about this, he ordered up the cavalry and assembled the entire multitude of his forces and went to him. When the Sultan learned of this, he was horror-stricken and entered Shamaxi city, fortifying it with a deep ditch. Then he sent to [David], saying: "From you I seek neither taxes nor war, but only a road so that I may leave." At the same time, the *atabeg* of Aghuania, Asxandul, came to the Sultan with 10,000 troops. David's army struck [them] and [Asxandul] himself, escaping by a hairsbreadth, came to the Sultan. Yet more terrified, at night he secretly left by another road for his own land. The king returned to his country. One month later he went back to Shirvan, took the royal residence of Gulstan fortress, placed the land under taxation, and returned to Georgia. He also took the Armenian castles of Dmanis, Gag, Terunakan, K'awazin, Nor-berd, Manasagom, and Xalinchk'ar. Then he crossed by the upper area to Basen and Isper and wherever he found Turks, he wiped them out. In great triumph he returned to Georgia in the month of August. Then a letter reached him from the seniors of Ani, saying: "Come, and we shall place the city in your hands." [David] went with 60,000 cavalry and took [Ani] after three days. Turning to Shirvan, he took the city of Shamaxi and the entire country. Then he returned to K'art'li, leaving troops at Her and Kax and the loyal Simeon as official of the country.

Եւ զո՞րս պատմեսցուք ի նորայոցն բարեաց. զի շինեաց զամենայն մասունս արեւելից եւ ելից բնակչօք: Էր նա ըստ հոգւոյ զգաստ եւ արի, եւ ընթեռնոյր զամենայն մատեանս աստուածայինս, եւ յորժամ աշխատէր ակն՝ լսէր ականջօք զցայգ եւ զցերեկ. զի ոչ քուն խափանէր զնա ի գիշերի, եւ ոչ հոգք աշխարհի՝ ի տուընջեան, եւ ոչ հեշտութիւն՝ ի ժամ ճաշոյ եւ ընթրեաց: Էր նա եւ ողորմած եւ աղեկէզ ի վերայ քրիստոնէից. քանզի մինչ այդ էր Տփխիս առ Թուրքաց, եւ յամենայն աւուր լնոյր արեամբ քրիստոնէից, որ բնակքն էին եւ որ արտաքուստ մտանէին վաճառականք. վասն որոյ ոչ հանգեաւ մինչեւ ոչ եբարձ զգայթակղութիւնն քրիստոնէից. եւ օգնութեամբն Քրիստոսի արար հարկատու զՍուլտանն՝ զապականիչն աշխարհի, եւ նստոյց ի մոխրի զազգն Իսմայելի, եւ որպէս մարդ անասնոյ՝ այնպէս նա տիրեաց բռնաւորաց աշխարհի: Էր եւ պահող պինդ աղօթող յերկար, եւ յեկեղեցիս ընծայող, մինչեւ ի Յունաց աշխարհն եւ ի Կիլիկիա եւ ի Կիպրոս եւ ի Սուրբ Երուսաղէմ. եւ ի Լեառն Սինա շինեաց վանք, եւ զանձ բազում հազարաւոր եւ բիւրաւոր առաքէր ամի ամի, այլ եւ գրեան եւ սպաս սրբութեանց, զոր ո՞ կարէ համարել: Այլ եւ կամեցաւ միաւորել զՀայս եւ զՎիրս. եւ կոչեաց զՅովհաննէս կաթուղիկոս Քարթլայ եւ զԱրսենիոս Քարթլեցի՝ զթարգմանն Վրաց եւ Յունաց լեզուին, եւ զեպիսկոպոս եւ զվարդապետս Հայոց, եւ արար ժողով. եւ քննէին յառաւօտէ մինչեւ ցերեկոյ, եւ ոչ հաւանէին միմեանց: Ապա ասէ թագաւորն. Մեք անվարժ եմք ի խորագոյն բանսդ՝ զոր արկեալ էք առաջի, եւ ոչ կարէք դուք ելանել ի դուրս: Եւ ինքն պարզ եւ յայտնի բանիւ խաղաղացուցեալ զերկոսին կողմանսն՝ արձակեաց զժողովն:

What shall we relate about his goodness? For he built up every part of the east and filled it with inhabitants. He was spiritually sentient and brave and read all the Scriptures. When his eye wearied, he would listen day and night, for sleep did not impede him at night, nor the cares of the world in daytime, nor pleasure while supping and dining. He was charitable and merciful toward Christians. When Tiflis was held by the Turks and every day the Christian inhabitants' blood was shed and the merchants were placed outside, [David] did not rest until this scandal to the Christians was eliminated. With Christ's aid, he made that corrupter of the land, the Sultan, a tributary, seated the people of Ishmael in ashes and mastered the tyrants of the land, as man masters a beast. He kept fasts and prayed at length and gave gifts to the Church [even to those located] in Greece, Cilicia, Cyprus, and Holy Jerusalem. He built a monastery on Mt. Sinai, and every year sent thousands and tens of thousands of treasures. As for the writings and vessels of holiness, who can count them? Furthermore, he wanted to unite the Armenians and Georgians. He summoned Yovhannes, Catholicos of K'art'li, and Arsenios K'art'lets'i, translator of Georgian and Greek, and the bishops and vardapets of Armenia, and held a meeting. They examined [matters] from morning until evening, but did not accept each other [doctrinally]. Then the king said: "We are unskilled in the deep words which you bring forth and you are unable to find a way out." He himself, using simple, clear words, calmed both sides and dissolved the assembly.

Այլ ինքն սիրէր զազգն Հայոց եւ զեկեղեցիսն եւ զոմն հռետոր վարդապետ ի Հաղբատ՝ Սարկաւագ անուն. խոստովանէր նմա զյանցանս իւր, եւ կորացուցեալ զպատուական գլուխն՝ օրհնէր ի նմանէ. եւ նստէր ընդ նմա եւ փարէր զպարանոցաւ նորա. եւ նա ասէր. Լուծեալ եմ եւ հոտեալ ի ծերութեան ես. ի բաց գնա յինէն՝ զի մի՛ աշխատ լիցիս: Եւ թագաւորն համբուրէր եւ ասէր. Անպակաս լիցի հոտս այս յինէն, հայր պատուական: Եւ պարգեւեաց նմա գիւղ առընթեր վանացն՝ ի ծառայութիւն նմա: Եւ ի յօրհնելն զթագաւորն՝ զայս ասէր՝ եդեալ զձեռս ի վերայ գլխոյն. Գտի զԴաւիթ ծառայ իմ, եւ իւղով սրբով օծի զնա մինչեւ ցտասներորդ տուն: Եւ զուարճանայր արքայն. եւ գովէր զգեղեցկակերպ թարգմանութիւնն Հայոց: Եւ տեսաք արդեամբ կատարեալ զբան սաղմոսին ի վերայ թագաւորին. եւ յոլովք ի բանից անտի վայելէին նմա. քանզի ի բազում որոգայթից Աստուծով զերծեալ ապրեալ՝ անկարծելի մարդկան: Զի երբեմն ի յորսս էրէոց անկեալ յերիվարէն՝ դնէր անխլիրտ իբրեւ զմեռեալ, եւ ապա յառնէր Խորհրդոյն զօրութեամբն: Եւ դարձեալ, ի պատերազմելն ընդ բերդի ուրեմն, եկեալ նետ ի պարսպէն՝ հարկանէր զերեսն Գաբրիէլի, որ կայր պարանոց նորա, եւ ապրէր նա յայնմանէ՝ հրեշտակային բարեխօսութեամբ: Եւ այսպէս ի հաւաքեալ բարիսն՝ մօտ ժամանել յերկրաւորն, հիւանդանայր զերկրաւոր կեանս, ի յիսներորդ երրորդ ամի կենաց իւրոց, յունուարի ամսեան ի քսան եւ հինգն. Նստուցեալ [...]

But he loved the Armenian people and churches and a certain rhetorician vardapet from Haghbat, named Sarkawag. [David] confessed his sins to him and, bowing his honorable head, was blessed by him. Sitting with him, he embraced his neck. But [Sarkawag] said: "I am a broken man, and reek in my old age. Leave me, that you do not grow weary." Yet the king kissed him and said: "Let this fragrance never cease from you, reverend father." And [David] bestowed upon him as a gift, a village near the monastery, in service to him. Blessing the king, [Sarkawag] placed his hand on [David's] head and spoke: "I have found my servant, David, and with holy oil I annoint him to the tenth house." The king was pleased, and praised the beautiful Armenian translation. And indeed, we saw the word of the Psalm fulfilled upon the king. Many of those words suited him, for through God he was freed from many traps unthinkable to man, and he survived. Sometimes while hunting deer, he fell from his horse and was laid out senseless like a dead man, yet he would arise through the power of the Mystery. Once when warring with a fortress, an arrow came from the wall and struck the face of Gabriel, which he wore around his neck, and so he survived with angelic intercession. Having accumulated such goodness, he approached the heavenly. But his corporeal life grew ill [and he died] when he was fifty-three years of age, on the twenty-fifth day of January. And they enthroned [...].[76]

---

76 The text terminates abruptly here.

www.sophenearmenianlibrary.com

SOPHENE

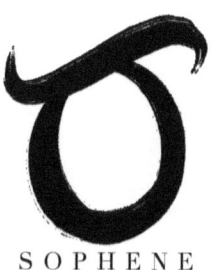

www.ingramcontent.com/pod-product-compliance
Lightning Source LLC
Chambersburg PA
CBHW030259100526
44590CB00012B/444
9781923051041